질문이 넘치는 교실

30년 경력의 초등 수석교사가 말하는
효과적인 질문 학습 방법

이기호 저

학지사

교사는 학생을 전제로 하는 말입니다. 교사인 나에게 배움의 인연으로 찾아온 학생들, 그들 각자가 지닌 생명성을 이해하고, 교감하고, 돌보면서 세상과 함께 자기다운 삶을 일구며 살게 돕는 교사의 삶은 아름다워야 합니다. 학생들이 자기 생명성을 몸, 의식, 인연, 삶으로 발현시키며 세상과 공유적 풍경을 누벼나가게 하는 기원은 어디일까요? 그것은 자신이 미적으로 붙들린 것을 학습 소재로 선택하는 것이 아닐까요? 자신이 생명적으로 붙들린 학습 소재는 이어지는 학습을 스스로의 언어와 힘으로 동기화, 문제화, 목적화, 계획화, 활동화, 해석화, 정리화, 전이화하면서 자신과 세상을 대화적 생명성으로 일구게 하니까요.

공교육 현장에서 일하는 교사들은 국가에서 규정한 교과별 성취기준, 시수, 교과서, 학교 시책 등의 범위 안에서 교육활동을 수행해야 하는 공무적 책임과 학생의 흥미, 발달성, 맥락성을 온전히 반영해 교육활동을 수행해야 하는 양심적 책임 사이에서 늘 긴장합니다. 그리고 그 긴장 속에서 교사는 '학생들이 교사를 위해 존재하는 것이 아니라 교사가 학생들을 위해 존재한다.'는 명제와 마주하고, 그 마주함은 다시 교사로 하여금 학생들 각자가 자기로 사는 길을 열어주는 실천적 삶으로 이끌게 합니다.

『질문이 넘치는 교실』, 이 책은 학생들이 던지는 질문과 주제를 매개로 대화학습 방식의 수업을 운영할 수 있는 방법을 체계적으로 소개하고 있습니다. 구체적으로 이 책은 학습 질문, 징검다리 질문, 본질 질문, 적용 질문을 통해 대화적 배움을 일구어 나갈 수 있는 구체적인 수업 방법론, 짝 및 모둠 대화 방법론, 대화적 문화 형성 방법론을 사례에 기반해 구체화하고 있습니다.

대화는 모든 생명체가 존재 의미를 형성하는 본질적 존재 양식입니다. 그런데 사람, 사물, 공간, 시간, 관계를 일방적으로 대상화, 범주화, 표준화, 조작화하는 '입시중심교육'의 언어체계에 의해 학교의 학생들 역시 자신이 원하는 소재로, 자신이 원하는 방식으로 학습을 전개하며 자기다운 진로를 구현하기 어려운 상황 속에서 좌절하고 방황하고 있습니다. 이 책은 학생들이 텍스트와의 대화, 자기와의 대화, 타자와의 대화, 자연과의 대화를 통해 자신의 삶 물론이고 대화 공동체를 생명적으로 일구어 나갈 수 있는 구체적인 수업 방법론을 제안하고 있습니다. 인간이 자기 선입관에 갇혀서 타자를 '남' '경계' '대립'의 대상으로 조직하려는 태도에서 벗어나 지속적인 자기대화, 타자대화를 통해 '우리' '대화' '함께 사는' 공동체로 열어가는 것은 인류가 지구별에서 생존을 지속하는 데 있어서 가장 중요한 과업입니다. 이 책이 대화교육의 가치를 구현하고자 애쓰는 교사들의 삶의 여정에 디딤돌이 될 수 있기를 바랍니다.

2025년

대구교육대학교 교수 박세원

선생님들의 수업에 작은 변화의 불씨를 던지고 싶습니다!!

과연 나는 수업을 위한 수업이 아니라(교사의 입장), 배움을 위한 수업(학생의 입장)을 하고 있는가? 매번 최선을 다해 수업을 하지만, 지친 육신을 보상받기에 충분한 행복감과 기쁨은 제대로 누리지 못했습니다. 그보다는 오히려 의미를 잃은 시간의 흔적들에 더해진 허탈감만 고스란히 남았습니다. 그런 날이면 어김없이 내면 저 깊은 곳에서 다음과 같은 질문이 똬리를 튼 채, 나를 매섭게 노려보곤 했습니다.

생동감이 넘치면서도 진정한 배움이 일어나는 수업을 했는가? 학생들에게 저마다의 생각의 물꼬를 틀 수 있는 기회를 제공하는 수업을 했는가? 그리고 학생들이 가진 지혜의 저장고에 소중한 의미들을 차곡차곡 채워주는 수업을 했는가? 매 순간의 배움의 장에서 한 학생도 배제되지 않고 모두가 함께 주인공이 되고 수업의 주체자가 되는 수업을 했는가? 교실에서의 질문이 또 다른 질문을 낳고, 그 질문이 끊임없이 세상과 자신을 조망하게 수업을 했는가? 학생들의 반응과 호기심에 흥분하면서 그것을 수업에 고스란히 녹여내는 수업을 했는가? 학생 스스로 학습의 의미를 찾고 자신의 생각과 호기심을 충분히 발산할 수 있는 수업을 했는가?

이러한 질문들을 만족시키는 수업을 찾고자 이런저런 연수에 참여하여 열공하는 시간도 가졌습니다. 그리고 학교 현장에서 널리 통용되고 있는 탁월한 교수·학습 방법을 적용해 보기도 했습니다. 그러나 아무리 탁월한 교수·학습 방법이라고 하더라도 여전히 무엇인가 부족하다는 아쉬움만은 쉽게 사라지지 않았습니다. 그러다가 만난 교수·학습 방법이 바로 '질문이 넘치는 수업'입니다.

수업에는 왕도가 없다고 합니다. 그러나 질문이 넘치는 수업은 그 차선책이 되기에는 충분했습니다. 그럼에도 불구하고 처음 질문이 넘치는 수업을 학교 현장에 적용했을 때는 나름 많은 시행착오를 거쳤습니다. 그럴 때마다 찾아오는 절망감은 '포기할까'라는 내면의 소리로 나를 잡아 이끌었습니다. 그러나 지금까지 해온 노력이 너무 아깝다는 소회 섞인 아쉬움, 그리고 조금만 더 노력하면 분명히 잡을 수 있을 것 같은 미래적인 희망이 다시 꿈틀거리면서 질문이 넘치는 수업을 계속하도록 자극했습니다. 어느덧 5~6년이 흐른 지금, 이제 그동안 걸어온 발걸음의 흔적들을 엮어 소중한 책으로 출간하게 되었습니다.

무엇보다도 질문이 넘치는 수업은 가르치는 자로서의 기쁨과 희열을 적지 않게 주었습니다. 또한 학생들이 수업을 지루해하지 않고 즐겁게 참여하는 모습을 확인할 수 있었습니다. 특히 자신들이 가진 호기심을 질문으로 승화시키고(학생 주도) 그것을 함께 찾아가는 모습(공동 주도)을 보면서 지나온 시간들이 결코 헛되지 않았음을 확인하게 되었습니다. 방법 하나를 바꾼 것뿐인데, 그 결과는 가르치는 자와 배우는 자 모두에게 엄청난 변화를 가져온 것입니다.

아직 질문이 넘치는 수업에 대한 지식적인 이해, 그리고 그것을 구체적인 교수ㆍ학습 방법으로 녹여 내는 데 여전히 부족함을 느낍니다. 그러나 질문이 넘치는 수업을 굳이 책으로 출간하고자 하는 이유는 수업 컨설팅을 다니면서 느낀 현장 선생님들의 필요 때문입니다. 질문이 넘치는 수업을 하고 싶은데, 어떻게 해야 할지 망설이고 있는 선생님들이 많았습니다. 그들에게 소중한 길잡이가 되기를 바라는 마음에서 이 책을 저술하게 되었습니다. 그뿐만 아니라, 진정으로 학생들의 삶을 풍요롭게 하고, 함께 만들어 가는 공동 주도의 수업에 대해 고민하는 선생님들에게 조그마한 나침반 역할을 하고 싶었기 때문입니다.

이 책은 이대로 따라하면 누구나 질문이 넘치는 수업을 할 수 있도록 안내하는 수업의 실제적인 측면에 초점을 맞추었습니다. 이를 위해 먼저 Part 1에서는 지나온 30여 년의 교직생활을 돌아보면서 수업에 대한 선생님들의 일반적인 고민을 담아 보았습니다. 그 다음으로 왜 질문이 넘치는 수업을 하게 되었는지, 그 과정을 더듬어 보았습니다. 그리고 질문이 넘치는 수업이 무엇인지 그에 대한 전체적인 이해와 맥락을 살펴볼 수 있도록 구성하였습니다.

Part 2에서는 효과적인 질문이 넘치는 수업을 하기 위한 여러 가지 준비 작업—교실 분위기, 효과적인 배움 대화를 위한 짝, 모둠, 학급 세우기, 효과적인 동기 유발 전략 등—을 고찰하였습니다. 특히 효과적인 동기 유발 전략에서는 실제 교과서를 분석하여 직접 적용한 사례를 제시하였습니다. 그리고 Part 3에서는 질문이 넘치는 수업의 교수ㆍ학습 모형을 살핀 후에 단계별 활동을 구체적으로 제시하였습니다. 그리고 마지막으로 질문이 넘치는 수업을 세 교과(과학, 도덕, 사회)에 적용하여 실제 수업한 장면을 도입, 전개, 정리 단계까지 그대로 담았습니다.

이 책이 나오기까지 물심양면으로 도와주시고 아낌없이 지지해 주신 여러 분들께 감사드립니다. 이성근 교장 선생님, 김태수 교감 선생님을 비롯한 하양초등학교 모든 선생님들께 감사드립니다. 그리고 바쁜 일정에도 이 책의 출판에 기꺼이 응해 주신 학지사 관계자분들께 감사드립니다. 또한 이 책의 초고를 읽고 맞춤법과 오탈자를 검토하는 데 여러 날 수고해 준 둘째 아들 영성이에게 고맙다는 말을 전하며, 처음부터 지금까지 묵묵히 지지해 준 첫째 아들 영준이와 항상 기도로 동역해 준 아내에게 감사의 말을 전합니다. 마지막으로 글을 쓰는 모든 과정에서 항상 지혜로 채워 주신 하나님의 은혜와 사랑에 감사드립니다.

2025년

이기호

차례

Part 1
지나온 삶의 몸짓,
그리고 그 몸짓 위에 남은 흔적들

Part 2

새로운 힘찬 출발,
그리고 그 힘찬 출발을 위한 날갯짓

Part 3

힘차게 달려온 소망의 몸짓,
그리고 그 몸짓 위에 내린 희망의 닻

Part. 1

지나온 삶의 몸짓,
그리고 그 몸짓 위에
남은 흔적들

?

가르치는 자로서의 30년, 질문이 넘치는 수업이 열어준 새로운 지평이 뭘까요?

30여 년의 교직 생활을 보내고 있는 지금, 두렵고 떨리는 마음으로 지나온 시간들을 돌아봅니다. 때로는 가르치는 교사의 입장에서 수많은 수업을 해왔습니다.

때로는 배우는 학습자의 입장에서 수많은 배움의 여정을 거쳐 왔습니다. 그 모든 시간들이 오늘 저를 존재하게 한 소중한 자산입니다.

무엇보다도 그러한 시간들은 제가 이 세상에 존재하는 한, 끊임없이 추구해야 하는 실존이자 존재 방식입니다.

왜냐하면 가르침과 배움은 인간을 인간답게 하는 실존이자 존재 방식 그 자체이기 때문입니다. 그리고 인간과 다른 피조물을 구분 지어 주는 결정적인 특이점이기 때문입니다.

부끄러운 초임 시절

수업이라는 말만 들어도 가슴 떨리고 설레며, 한없이 마음 졸였던 시절이 있었습니다. 바로 초임 시절입니다. 그때 교사로서의 저의 삶은 수많은 시행착오와 좌충우돌하는 범퍼카와 같았습니다. 그러면서도 저는 그 누구보다 재미있고 신나는 수업을 해 보고자 몸부림쳤습니다. 그 당시 수업에 대한 이런 제 마음을 어떻게 표현하면 좋을까요? 여러분의 초등학교 시절 소풍을 회상하면, 이런 기억쯤은 한두 번 있을 것입니다. 비가 오는지 안 오는지 노심초사하며 밤잠을 설쳤던 기억 말입니다. 초임 시절 수업에 대한 저의 기억이 이와 비슷했다고 하면 믿으시겠습니까? 돌이켜보면 수업에 대한 그때의 기억이 소풍 전날의 설렘과 별반 다르지 않았던 것 같습니다.

늦은 저녁, 저는 그날 있었던 수업 장면들을 파노라마처럼 펼치며 자리에 눕곤 했습니다. 그럴 때마다 그날의 아쉬웠던 순간들이 자꾸 떠올랐습니다. 그래서 베개를 이리저리 뒤척이며 선잠을 잔 적이 한두 번이 아니었습니다. 다음날 학교로 빨리 달려가서 전날의 실수와 오류를 만회하고자 하는 마음 때문이었습니다. 그런 마음을 열정이라는 숭고한 단어로 표현해도 될지는 모르겠습니다.

지금 그 당시를 회상해 보면, 말썽꾸러기 학생들도 밉거나 싫지 않았던 것 같습니다. 오히려 그들까지 정성껏 보듬고 수업을 통해 즐겁게 교감하고자 했던 마음이 더 컸기 때문입니다.

그러나 그 당시 수업을 돌이켜보면, 정말 부끄럽기 짝이 없습니다. 그도 그럴 것이, 수업의 많은 부분은 수업 내용과 관련 없는 이런저런 잡담이 주류를 차지했기 때문입니다. 그리고 학생들이 좋아할 만한 재미있는 이야기로 점철된 수업이었기 때문입니다. 그래서 수업 목표는 아랑곳하지 않고 삼천포로 빠지기 일쑤였습니다. 그럼에도 불구하고 학생들이 재미있어 하고 즐겁게 웃는 모습을 보면서, "내가 수업을 잘 하는구나!"라는 착각 속에 사로잡히곤 했습니다. 아마 그 시절 제가 생각하는 좋은 수업은 그런 식이었던 것 같습니다. 그러나 지금 당시 그런 어처구니없었던 순진한 저의 생각을 떠올려 보면, 쓴웃음만 나옵니다. 무엇보다도 학생들에게 수업을 통한 소중한 배움의 가치를 제대로 제공해 주지 못한 것 같아서 아쉬움만 가득합니다.

그런데 조금씩 교직 경력이 더해지면서, 수업에 대한 저의 그런 생각에 점차 회의감이 들기 시작했습니다. '과연 수업이 이래도 될까?' '이런 수업이 과연 좋은 수업일까?'라는 회의감 말입니다. 지금 생각하면 손사래를 치면서 단연코 그렇지 않다고 말할 수 있습니다. 그러나 그 당시 저는 어찌하든지 학생들을 웃기고 재미있게 해 주려고 안간힘을 썼습니다. 그래서 매 시간마다 양 입술에 거품을 머금고 개그맨처럼 행동하곤 했습니다. 왜냐하면 학생들이 그런 저의 모습을 보고 배꼽을 잡고 즐거워하면 좋은 수업이라고 생각했기 때문입니다. 학생들이 북 치고 장구 치며 원숭이처럼 재주 부리는 저의 모습에 기쁨과 즐거움으로 반응하면, 그것이 좋은 수업이라고 착각했던 것입니다.

달갑지 않은 손님 매너리즘

그런데 학교생활을 어느 정도 해 보신 분들은 아시겠지만, 교직 경력이 어느 정도 쌓이면서 자연스럽게 찾아오는 달갑지 않은 손님이 있습니다. 바로 자신도 모르게 슬그머니 찾아오는 '매너리즘'입니다. 이 달갑지 않은 손님이 저에게도 어김없이 찾아왔습니다. 그리고 이 손님은 그동안 제가 교직 생활을 하면서 나름 중요한 가치로 생각했던 것들을 차츰 망각하게 했습니다. 수업에 대한 열정과 열의도 예외가 아니었습니다. 어느 순간부터 수업에 대한 관심과 열의를 교직 생활의 주변부로 밀어냈습니다. 그러더니 좀처럼 회복하기 힘든 안타까운 상황까지 몰고 갔습니다.

엎친 데 덮친 격으로, 이 매너리즘은 이상스럽게도 수업이 예전보다 더 힘들고 어렵다는 생각도 덩달아 하게 했습니다. 그야말로 이 손님은 교직 생활에 대한 총체적인 위기를 선물로 안겨다 주었습니다. 그러면서 교사로서의 삶 자체에 대한 심각한 회의감까지 불러일으켰습니다. 정말이지, 이 매너리즘은 저의 모든 삶을 이러지도 저러지도 못하게 하는 진퇴양난의 상황으로 몰아넣었습니다. 한마디로 저의 삶에 획기적인 변화와 특별한 자극이 없는 한, 이 숨 막히는 상황을 지속적으로 견디며 힘겹게 버텨야 하는 줄다리기가 시작된 것입니다.

그런데 저는 이런 매너리즘에 빠져 있으면서도 한동안 수업에 대한 어떤 변화를 꾀한다거나 혹은 새로운 시도를 하지 못했습니다. 그 이유는 대부분 비슷하리라 생각됩니다. 이를테면 변화의 필요성은 어느 정도 인식하고 있지만, 그러한 변화를 시도할 수 있는 적절한 자극과 도전이 주어지지 않았기 때문입니다. 그리고 어느 순간부터 이미 익숙해져 버린 현재의 삶에 대한 변화의 두려움이 내면 저 깊숙이 자리 잡고 있었기 때문입니다.

그렇게 시간은 계속 흘러갔습니다. 그 기간 동안의 삶을 조금 과장되게 표현하자면, 학교에 가는 것 자체가 도살장에 끌려가는 심정이었습니다. 그럼에도 불구하고 그런 실체 없는 몸과 마음을 습관처럼 학교에 끌고가야 했습니다. 그리고 어지럽게 늘어져 너덜너덜해진 몸과 마음을 학교라는 정해진 장소에 갖다 놓는 힘겨운 노동은 한동안 계속되었습니다. 그 상황은 설상가상으로 교사로서의 삶에 대한 의미와 가치를 전혀 느끼지 못하는 지경까지 치닫게 했습니다. 그렇다 보니 학생들도 그저 건성으로 대하는 상태가 되었습니다. 말하자면 그동안의 교직 생활로 다져진 몸을 단순히 기계처럼 교단에 세우는 서글픈 상황이 반복되었습니다.

전담교사를 할 수 있는 행운, 수업에 눈을 뜨다

그런데 어느 해인가, 학교에서 대부분의 선생님들이 선호하는 '전담 교사'가 저에게 주어지는 행운이 찾아왔습니다. 학교 사정에 따라 조금 다르기는 하겠지만, 전담교사는 학교에서 중간 간부에 해당하는 부장급 교사에게 주어지는 경우가 많습니다. 아니면 특별히 그 과목에 탁월한 재능과 능력을 가진 교사에게 주어지는 경우가 대부분입니다. 그런데 당시 저는 특정 과목에 대한 별다른 재능도 없었습니다. 또한 학교에서 중책을 맡은 상황도 아니었습니다. 그런 저에게 전담교사가 주어진 것은 정말 행운이 아닐 수 없었습니다. 그런데 그것이 제 교직 생활의 대전환을 이루는 결정적인 계기가 될 줄이야 누가 알았겠습니까? 물론 학교 사정으로 그런 행운이 찾아오기는 했지만 말입니다. 아무튼 당시 전담교사 생활은 한동안 매너리즘에 빠져 있던 저의 교직 생활에 새로운 활력소가 되기에 충분했습니다.

교직 생활이 20년 가까이 될 즈음에 처음으로 하게 된 전담교사 생활은 저에게 다음과 같은 점에서 매력적으로 다가왔습니다. 우선 담임교사에게 가장 큰 부담 중의 하나인 생활지도의 압박감에서 어느 정도 자유로울 수 있었습니다. 그리고 저는 내성적인 성격 때문에 학부모들과의 상담을 많이 부담스러워했습니다. 그런데 전담교사는 그런 부담감에서 어느 정도 벗어날 수 있었다는 점에서 매력적이었습니다.

그러나 양지가 있으면 음지도 있듯이, 모든 것이 다 좋을 리는 없었습니다. 전담교사는 한 과목만을 가르치기 때문에 담임교사에 비해서 교재연구를 더 충실히 해야 하는 부담감도 있었습니다. 그러나 3~4년 지속된 전담교사 생활은 수업에 대해서 많은 것을 깨닫게 하는 소중한 시간이었습니다. 무엇보다도 수업 방법적인 측면에서 한층 성숙하고 발전할 수 있는 중요한 계기가 되었습니다.

교재연구를 충실히 하고, 학습 자료를 철저하게 준비해서 수업을 하는 날이면, 학생들의 반응이 달랐습니다. 즉, 이전과 달리 꽤나 진지한 태도로 수업에 임하는 모습을 볼 수 있었습니다. 예전처럼 잡담이나 재미있는 이야기로 학생들을 웃기지 않았는데도 말입니다. 오히려 학생들은 그 전보다 훨씬 더 수업 자체에 집중하였습니다. 그래서 수업에 대한 학생들의 몰입도와 관심, 흥미가 자연스럽게 고양되는 것을 피부로 느낄 수 있었습니다. 그러면서 '좋은 수업이란 무엇인가?'를 더 깊이 고민하게 되었습니다. 그리고 이러한 질문과 고민은 저로 하여금 수업에 대한 눈을 조금씩 열어주었습니다.

드디어 질문이 넘치는 수업을 만나다

수업에 약간씩 눈을 뜨기 시작하면서, 수업에 대한 질문과 생각은 여러 갈래로 가지치기하면서 퍼져나갔습니다.

- 좋은 수업이란 어떤 것일까?
- 좋은 수업과 의미 있는 수업은 같은 것일까, 다른 것일까?
- 아이들이 재미있어 하고 즐거워하면 과연 좋은 수업이라고 할 수 있을까?
- 수업에는 왕도가 없다고 하는데, 그렇다면 그 차선책은 무엇일까?
- 어떻게 수업하는 것이 좋은 수업이고 또 의미 있는 수업이 될까?
- 수업에서 교사의 역할은 무엇일까? 교사가 잘 가르치는 것이 좋은 수업일까? 아니면, 학생들이 잘 배우게 하는 것이 좋은 수업일까?
- 학생들이 잘 배우려면 어떻게 해야 할까?

이처럼 수업과 관련한 교육학적인 질문은 점차 확장되어 갔습니다. 그리고 이러한 끝없는 질문은 저로 하여금 수석교사를 지원하게 하는 계기가 되었습니다.

그런데 수석교사가 되면서 교재연구를 하는 방식이 예전과 달라졌습니다. 담임교사를 할 때는 단위 수업 시간에 무엇을 가르칠 것인지 곧 학습 내용을 중심으로 교재연구를 했던 것 같습니다. 다른 말로 표현하면, 가르치는 교사의 입장에서 교재연구를 했다고 할 수 있습니다.

그러나 수석교사가 되면서 교재 연구하는 방식이 달라졌습니다. 이제는 '어떻게 하면 학생들이 학습 내용을 잘 배울 수 있도록 도와줄 것인가?'에 방점을 두게 되었습니다. 즉, 교재연구와 교수의 방향이 교사의 입장에서 학생의 입장으로 전환되었다고 할 수 있습니다. 이런 변화는 동시에 학생들에게 어떤 양질의 좋은 질문을 제시할 것인지에 대한 방향 전환으로 이어지게 했습니다. 그뿐만 아니라 수업 상황에서 발생할 수 있는 다양한 변수들, 그리고 학생들이 가질 수 있는 오개념에 대한 연구도 빼놓지 않게 되었습니다. 즉, 수업 중에 발생할 수 있는 예기치 못한 돌발 상황을 항상 염두에 두고 교재연구를 하게 되었습니다. 그러나 무엇보다도 가장 중요하게 접근한 지점은 '학생들로 하여금 어떻게 하면 좋은 질문을 하게 만들 수 있을까?'입니다. 이런 변화는 모두 질문이 넘치는 수업을 시작하고 나면서부터 비롯되었습니다.

질문이 넘치는 수업은 학생들이 만든 질문이 가장 중요한 부분을 차지한다고 해도 과언이 아닙니다. 그런데 학생들이 만든 질문을 보면 그 수준이 각양각색입니다. 내용도 천차만별입니다. 그러나 그러한 질문들은 저와 학생들 모두에게 매우 소중한 보물입니다. 왜냐하면 그 질문들 속에는 학생들의 실존이 고스란히 묻어 있기 때문입니다. 그리고 그 질문들은 그들의 현재적인 지식수준과 관심사, 그리고 삶의 다양한 배경을 배태하고 있기 때문입니다. 결국 그들이 내뱉은 질문은 그들의 삶의 의미와 존재 방식을 고스란히 드러내 주는 중요한 통로로 작용합니다.

어떤 학생들의 질문은 때로는 제가 생각했던 것 이상으로 치밀하고 논리적인 측면이 있습니다. 뿐만 아니라 전혀 예상하지 못했던 뜻밖의 질문도 많이 접하게 됩니다. 그럴 때마다 저는 학생들로부터 또 다른 차원의 소중한 배움의 시간을 갖습니다. 수업은 그런 것입니다. 수업은 교사가 일방적으로 가르치고 학생들은 일방적으로 배우는 그런 차원의 일방적 통행이 아닙니다. 오히려 수업은 교사와 학생들이 함께 만들어 가는 역동적이고 쌍방향적인 소통의 과정입니다. 질문이 넘치는 수업은 바로 그런 차원의 수업을 가능하게 했습니다.

수업을 통해 얻은 기쁨과 희열

질문이 넘치는 수업은 학생들이 만든 질문과 교사가 만든 질문을 함께 조합하여 진행되는 경우가 많습니다. 따라서 질문이 넘치는 수업에서는 교사와 학생 모두에게 질문이 굉장히 중요한 부분을 차지합니다. 그리고 대부분의 수업은 학생들이 던진 질문과 주제를 매개로 다양한 '배움 대화 방식'으로 이루어집니다. 이때 교사의 역할은 그들이 무슨 이야기를 나누는지, 어떤 생각을 하는지, 어떤 오개념을 갖고 있는지 확인하며 조력하는 것입니다.

물론 어떤 주제나 질문은 짝 대화나 모둠 대화 차원에서만 그칠 것이 아니라, 반 전체가 생각과 의견을 공유하고 정리해야 할 필요성이 있습니다. 이런 경우에는 학급 대화를 통해 좀 더 확장된 토의·토론을 진행해야 합니다. 그래서 때로는 수업이 원래 계획했던 대로 순조롭게 진행되지 않을 때도 있습니다. 그러나 수업을 거듭할수록 그런 모든 시간들이 다음 수업을 위한 소중한 의미로 작용하는 것을 보게 됩니다. 그래서 질문이 넘치는 수업은 매 시간이 새로운 의미를 창출하고 생성하는 귀한 시간이 됩니다. 그야말로 수업에 대한 새로운 시각 및 철학이 적용되고 실현되는 기회라고 말할 수 있습니다.

이렇게 수업을 진행하다 보면, 간혹 어떤 학생들은 다음 수업 시간이 손꼽아 기다려진다고 말하기도 합니다. 혹은 교실을 떠나지 못한 채, 못내 아쉬워하는 학생들도 볼 수 있습니다. 그런가 하면 한동안 안타까운 마음을 감싸안은 채, 교탁 주변과 교실을 맴도는 학생들도 보게 됩니다. 그럴 때마다 제 마음속에서는 왠지 모를 희열과 기쁨이 솟구쳐 오릅니다. 바로 그 기쁨과 희열은 가르치는 자만이 경험할 수 있는 그야말로 어떤 것으로도 대신할 수 없는 인생 최고의 소중한 선물입니다.

어떻게 말해야 그런 감정을 제대로 표현할 수 있을까요? 아마 그런 감정은 우리가 흔히 일상생활 속에서 갖게 되는 기쁨 및 희열과는 전혀 다른 차원의 것입니다. 왜냐하면 그 기쁨과 희열은 한 인간의 소중한 배움의 과정에서 발생하기 때문입니다. 즉, 한 인격체가 자신과 이 세상을 더 깊고 풍성히 알아가는 모습을 함께 했을 때 찾아오기 때문입니다. 또한 그것은 한 인격체가 자신의 삶의 의미를 새롭게 구성하고 생성하는 과정을 직접 목격하는 순간과 관련되기 때문입니다.

줄탁동시(哸啄同時)라는 말이 있습니다. 새끼가 알에서 나오기 위해서는 알 속의 새끼와 밖에 있는 어미가 함께 알껍데기를 쪼아야 한다는 말입니다. 알을 깨고 나오는 새끼의 모습을 한번 상상해 보십시오. 그 장면을 직접 목격한 어미의 벅찬 감정을 어찌 말로 다 형용할 수 있겠습니까? 수업을 통해 얻는 희열과 기쁨을 감히 그 어미의 벅차오르는 감동과 비교해 봅니다. 질문이 넘치는 수업을 통해 얻은 이런 희열과 기쁨은 바로 이런 과정에서 찾아오는 소중한 선물입니다. 이런 감정은 담임교사를 할 때는 서의 갖시 못한 희열이고 기쁨입니다. 무엇보다도 질문이 넘치는 수업을 시작하기 이전에는 거의 경험하지 못한 소중한 감정입니다.

다시 던지는 수업에 대한 질문들

그런데 질문이 넘치는 수업을 계속 진행하면서 다음과 같은 교육학적인 질문을 다시 던지게 되었습니다. '학교 교육의 본질은 무엇일까?' '교사에게 가장 중요한 것은 무엇일까?'라는 질문입니다. 이러한 질문에 대한 견해는 사람들마다 약간씩 다를 수 있습니다. 그러나 현재적인 저의 이해의 지평에서 말할 수 있는 학교 교육의 본질은 다음과 같습니다. 먼저 자신이 누구인지를 알고 자신의 삶을 주도적으로 개척해 나가는 능동적인 인간을 길러내는 것입니다. 그리고 자신과 타인을 소중히 여기고 소통할 줄 아는, 가슴이 따뜻한 인간을 길러내는 것입니다. 한 걸음 더 나아가, 인간에게 선물로 허락된 이 모든 자연과 이 세상을 귀하게 여기고 감사할 줄 아는 감성적인 인간을 길러내는 것입니다. 즉, 그런 모든 존재들과 함께 더불어 살아가는 감수성이 예민한 인간을 길러내는 것입니다.

그렇다면 학교 교육과 관련하여 교사에게 가장 중요한 것은 무엇일까요? 여러분도 수업이라고 말하는 것에 큰 주저함이나 이견이 없을 것입니다. 그런데 '지금의 학교는 이러한 교육의 본질을 구현하는 데 충분히 기여하고 있을까?' '그 과정에서 교사는 정말 의미 있는 역할을 하고 있는가?'라는 질문을 던져봅니다. 일면 긍정적인 부분도 있을 수 있습니다. 그러나 대부분의 사람들은 부정적인 측면을 더 많이 쏟아낼 것입니다.

추측건대, 오늘날의 학교 현실을 어느 정도 이해하고 있는 분이라면 제 생각에 충분히 공감하리라 생각됩니다. 특히 현시점에서 우리에게 가장 급선무이자 시급히 요구되는 과제는 수업이 달라져야 한다는 것입니다. 여러분들은 제가 그 이유를 설명하는데, 굳이 교육 패러다임 변화 및 급변하는 시대적인 상황을 들먹이지 않더라도 동의할 것입니다. 그리고 교육을 둘러싼 수많은 교육 주체 및 객체들의 요구, 국가의 비전과 미래 사회의 요청 등을 거론하지 않더라도 고개를 끄덕일 것입니다. 물론 그 방향성에 대해서는 이견이 있을 수 있습니다.

그런데 수석교사의 길을 걸으면서 수업과 관련하여 깨달은 소중한 지점이 있다면 바로 이것입니다. 수업은 교사와 학생 모두 적극적인 주체자가 되어야 한다는 것입니다. 그리고 진정한 배움이 일어나기 위해서는 학생과 학생 간, 학생과 교사 간의 활발한 상호작용이 필수 불가결한 요소라는 것입니다. 저는 이러한 수업 방식과 철학을 어느 정도 만족시켜 주는 수업이 바로 질문이 넘치는 수업이라고 생각합니다.

무엇보다도 우리가 교실에서 만나게 되는 학생들은 이 시대에, 이 세상이라고 하는 특정한 공간에 던져진 특별한 존재들입니다. 그리고 이들은 다른 피조물들과 구별되는 독특한 한 인격체라는 측면에서 매우 소중한 존재들입니다. 그럼에도 불구하고 학생들은 이 세상에 오고 싶어서 온 것이 아닙니다. 따라서 이들은 어느 실존주의 철학자의 말처럼 이 세상에 홀연히 던져진 존재라고 해도 과언이 아닙니다. 그래서 학생들은 생득적으로 자신이 살아가고 있는 이 세상에 대해서 수많은 질문을 가지고 있습니다. 그것은 정도의 차이는 있지만, 모든 인간이 태생적으로 타고나는 본성입니다. 그러나 안타깝게도 지금까지의 수업은 이들의 질문과 의문점들을 제대로 수용하거나 용납하지 못했던 것이 사실입니다. 그 이유는 그것의 가치를 제대로 인식하지 못했기 때문입니다. 그리고 학생들은 교사보다 열등

하다는 생각이 팽배했기 때문입니다. 무엇보다도 그것을 수용하고 친절하게 반응할 수 있는 시간적 여유가 없었던 것도 부인할 수 없는 사실입니다.

그러나 이제는 달라져야 합니다. 교사는 학생들이 이 세상을 향해 던지는 소중한 질문과 호기심을 수업을 통해 녹여내야 합니다. 그리고 교실은 학생들의 질문을 함께 공유하고 고민하는 열린 공간이 되어야 합니다. 또한 수업은 학생들이 서로 머리를 맞대고 자신들의 수준에서, 자신들의 언어로 그 해답을 찾아가도록 도와주는 소중한 시간이 되어야 합니다.

02

여러분은
이런 고민
하신 적 없나요?

인간 존재에게 고민은 때로는 정신적인 압박감과 심리적인 스트레스를 야기하는 불안 요소로 작용합니다. 그러나 다른 한편으로 그것은 한 인격체가 살아있다는 강력한 증거의 표출이자 고뇌에 찬 몸부림이기도 합니다. 게다가 그 고민이 자기 발전 및 계발을 위한 목적에서 발로되었다면, 그것은 우리의 삶에 보이지 않는 긍정적 요인으로 작용합니다. 왜냐하면 그것은 새로운 삶의 의미를 생성하는 씨줄과 날줄의 엮임으로 나아가게 하기 때문입니다.

가르치는 교사에게 가장 큰 고민은 무엇일까요? 바로 교실이라는 공간에서 매일 같이 만나게 되는 학생들입니다. 그리고 그들과 함께하는 수많은 시간들로 점철된 수업일 것입니다. 그러므로 주위에 이러한 고민들을 함께 나눌 수 있는 동역자가 있다는 것은 큰 축복입니다. 왜냐하면 그들이 바로 지금이라고 하는 시간을 함께 견디며 살아내게 하는 힘이 되기 때문입니다. 낯선 존재들과의 소중한 만남, 그리고 수많은 고민들과 그것들이 자아내는 시간의 흔적들, 여러분과 함께 엮어갈 수 있어서 행복합니다.

가르치는 자로서의 회의감

교육계에서 오랫동안 불문율처럼 회자되어 온 말이 있습니다. 바로 가르치는 것에는 왕도가 없다는 말입니다. 그렇다고 하더라도 교사는 그 차선의 방법까지 찾는 것을 손 놓고 불구경할 수는 S없습니다. 그렇다면 그 차선의 방법은 무엇일까요? 학생들을 가르치면서 끊임없이 찾고자 했던 숙제였습니다. 즉, '어떻게 하면 교사와 학생들 모두에게 의미 있을 뿐만 아니라, 진정으로 배움이 일어나는 수업을 할 수 있을까?'라는 것입니다. 이 질문은 학생들을 가르쳐 본 사람이라면 누구나 던지는 당연한 질문일 것입니다. 여러분들은 어떤가요?

그런데 그 차선의 방법을 부단히 찾던 저에게 마침내 한줄기 서광이 비치는 때가 찾아왔습니다. 바로 질문이 넘치는 수업을 접하고 나면서부터입니다. 질문이 넘치는 수업은 학생들이 만든 질문을 수업에 최대한 활용하는 방식으로 전개됩니다. 그리고 그 질문을 해결해 나가는 과정에서 다양한 학습 대화를 적용합니다. 즉, 질문이 넘치는 수업은 교사가 일방석으로 수업 내용을 선달하고 세시하는 방식이 아니라, 학생들이 만든 질문을 활용하여 학습 내용을 배우고 알아갑니다.

물론 학생들의 질문 수준은 천차만별입니다. 그러나 그 질문들은 학생들 개개인의 지적 수준과 삶의 의미를 고스란히 담고 있습니다. 어떤 질문은 제가 생각했던 것 이상의 치밀하고 논리적인 측면을 담고 있습니다. 그럴 때마다 저는 학생들로부터 또 다른 차원의 유익한 배움의 기회를 갖습니다. 그런 차원에서 질문이 넘치는 수업은 학생들의 지적 호기심과 창발적 사고에 날개를 달아줍니다. 한 걸음 더 나아가, 학생들로 하여금 그것을 끌어안고 높이 날아오르도록 도와주는 수업입니다. 물론 그렇다고 하더라도 모든 수업이 학생들의 질문으로만 이루어지는 것은 아닙니다. 질문이 넘치는 수업은 학생들이 던진 질문과 교사가 던진 질문을 함께 엮어서 진행되는 경우가 많기 때문입니다.

 수업을 잘하고 싶은데…

교사라면 누구나 수업을 잘하고 싶어 할 것입니다. 왜냐하면 학교에서 교사가 감당해야 할 가장 중요한 영역이 바로 수업이기 때문입니다. 그래서 수업에 자신감이 없는 교사는 당연히 의기소침할 수밖에 없습니다. 그렇지 않다면 오히려 그것은 심각한 문제입니다. 그러므로 교사와 수업은 떼려야 뗄 수 없는 불가분의 관계에 있다고 해도 과언이 아닐 것입니다.

뜬금없는 질문을 하나 던지겠습니다. 여러분은 한 교사가 35년 정도 교단에서 학생들을 가르친다고 할 때, 대략 몇 시간 정도 수업하게 되는지 계산해 보신 적이 있습니까? 일주일에 25시간 정도 수업한다고 할 때, 약 30,000시간이 넘는 시간을 수업하게 됩니다. 참으로 엄청난 시간입니다.

여러분은 '10,000시간의 법칙'에 대해 들어보신 적이 있습니까? 이 법칙은 1993년에 미국의 심리학자 앤더스 에릭슨이 발표한 논문에 실린 내용입니다. 이 법칙에 따르면 어떤 분야의 전문가가 되려면 최소한 10,000시간 정도의 훈련이 필요하다고 합니다. 10,000시간은 매일 3시간씩 훈련할 경우 약 10년, 하루 10시간씩 투자할 경우 약 3년이 소요됩니다. 언뜻 보기에는 상당히 많은 시간으로 보입니다. 그러나 이 법칙에 따르면 한 교사가 대략 하루에 3~4시간 정도 수업한다고 할 때, 약 10년이 되면 수업에 대해 전문가가 될 수 있다는 논리가 성립합니다. 그런데 이 기간이 훨씬 넘도록 지금도 교단에서 학생들을 가르치고 있는 저는 수업에 대해 전문가가 되었는지 자신 있게 말할 수 없습니다. 아마 여러분도 저와 비슷한 심정일 것입니다. 솔직히 저는 수업 전문가는커녕, 수업을 하면 할수록 더 어렵게 느껴질 정도입니다. 여러분들은 어떠신가요?

수업 자료 만들기가 힘들어요

매일 수업을 해야 하는 교사에게 가장 고민스럽고 부담되는 부분이 무엇일까요? 추측건대, 어떤 수업 자료와 수업 매체를 제작하여 투입할 것인가에 이구동성으로 동의할 것입니다. 왜냐하면 별다른 수업 자료 없이 맨손으로 수업에 들어가면, 뭔지 모를 불안감이 밀려오기 때문입니다. 더군다나 학생들에게도 왠지 미안한 마음이 들고, 마치 하지 않아야 할 일을 하고 있다는 자책감마저 들기 때문입니다. 물론 이런 고민과 부담은 수업을 더 잘하고 싶거나 혹은 수업에 대한 관심이 큰 교사일수록 더 강렬할 것입니다. 질문이 넘치는 수업은 바로 이런 교사의 부담과 고민을 어느 정도 해소시켜 주는 역할을 합니다. 왜냐하면 질문이 넘치는 수업은 별도의 자료나 매체를 사용해야 할 경우도 있지만, 일차적으로는 교과서를 활용하는 경우가 많기 때문입니다. 이를테면 교과서에 제시된 텍스트, 그림, 사진 자료들을 활용하여 학생들이 만든 질문을 중심으로 수업을 진행하기 때문입니다. 그러므로 질문이 넘치는 수업에서는 교과서 자체가 중요한 수업 자료이자 매체가 되는 것입니다.

'그렇게 해도 수업이 될까?'라는 고민을 하실 수 있습니다. 그러나 이러한 고민은 지금까지 교과서를 제대로 활용해 보지 않아서 갖게 되는 선입견이고 기우입니다. 실제로 교과서를 꼼꼼히 분석하고 제대로 활용해 보면, 교과서보다 더 좋은 수업자료가 없다는 것을 깨닫게 됩니다.

따라서 교과서는 교사가 생각하는 그 이상의 중요한 자료이자 매체가 될 수 있습니다. 게다가 최근에는 특정 교과를 제외한 거의 모든 교과서가 국정에서 검정 체제로 전환되었습니다. 이에 따라 이전에 비해서 훨씬 좋은 양질의 교과서가 학교 현장에 보급되었습니다. 이 말은 단순히 교과서의 종이 질이나 편집 수준에서만 그렇다는 것을 말하지 않습니다. 교과서에 실린 여러 가지 텍스트, 그림, 사진 자료들도 과거에 비해 훨씬 더 세련되었습니다. 그리고 학습에 도움이 될 만한 유익한 정보와 자료들도 더 많이 수록되었다는 것을 의미합니다. 따라서 교과서를 적극적으로 활용하는 질문이 넘치는 수업은 교사로 하여금 교육 자료 개발 및 매체 활용의 부담감에서 어느 정도 벗어나게 해 줍니다.

철학과 삶이 녹아 있는 수업을 하고 싶어요

한 분야에서 묵묵히 자기 자리를 지키며 성실하게 일하시는 분들을 보면 존경스럽기도 하고 때로는 그 이상의 경이로움까지 들 때가 있습니다. 그런데 그런 분들은 대부분 다음과 같은 공통점이 있습니다. 우선 그 분야가 자신의 적성과 재능에 잘 맞는다는 부분을 빼놓을 수 없습니다. 그러나 그것보다 더 주목해야 할 사실이 있습니다. 그것은 다른 곳에 한눈팔지 않고 그 일만을 지속할 수 있도록 지탱해 준 나름의 철학을 그들 속에 담지하고 있다는 것입니다.

이러한 사실은 오랫동안 교단을 지켜온 교사에게도 예외가 아닙니다. 오랫동안 어렵고 힘든 교직을 지켜오면서도 여전히 지치지 않는 열정과 사명감에 불타는 선생님들을 가끔 보게 됩니다. 정말 존경스럽습니다. 그런데 그런 분들에게서도 예외 없이 찾을 수 있는 중요한 공통점이 있습니다. 바로 그들 나름의 확고한 교육철학과 가치관이 그들의 마음속에 내재되어 있다는 것입니다. 한번 생각해 보십시오. 그렇게 오랜 세월 동안 산전수전 다 겪으면서 학생들을 가르치다 보면 얼마나 힘들고 지치겠습니까? 그럼에도 불구하고 갓 교직에 발을 내딛던 새내기 교사와 다름없는 식지 않는 열정과 진심을 보게 될 때, 그런 내재적인 힘을 무엇으로 달리 설명하겠습니까? 도대체 어디에서 그런 식지 않는 열정과 불타는 열의가 계속 샘솟겠습니까? 저는 교육에 대한 그들의 남다른 철학과 가치관이 아니고서는 그 이유를 달리 설명할 수 없을 것 같습니다.

저에게도 거창하게 내세울 만한 교육철학이나 가치관은 아니지만, 그래도 가끔 사색을 하거나 제 자신을 성찰하면서 던지는 질문들이 있습니다. '나는 누구인가?' '이 세상에 보내진 나라는 존재가 지금보다 더 의미 있는 삶을 살기 위해서 어떻게 해야 하는가?' '어떻게 하면 나와 나를 둘러싼 모든 주변 환경 및 사람들과 올바른 관계 맺음을 하면서 살 수 있을까?'라는 질문들입니다. 그런데 질문이 넘치는 수업을 하면서 제 내면에 던졌던 이러한 질문들을 학생들과 함께 공유할 수 있는 방법을 고민하게 되었습니다. 그러다 문득 다음과 같은 아이디어를 떠올리게 되었습니다. 그것은 제 마음속의 이러한 내면의 울림들을 학생들의 질문과 접목시켜 수업에 활용해 보자는 시도입니다.

질문이 넘치는 수업에서는 학생들 각자가 텍스트를 읽고 질문을 만드는 활동이 매우 중요합니다. 그래서 이 활동을 '나는 누구인가?'라는 존재적 질문과 연결시켜 '자기와의 대화'라고 명명하였습니다. 그리고 '어떻게 하면 나와 나를 둘러싼 모든 주변 환경 및 사람들과 올바른 관계 맺음을 하면서 살 수 있을까?'라는 질문은 '다른 존재들과의 대화'로 명명하였습니다. 왜냐하면 질문이 넘치는 수업은 자기와의 대화에 멈추지 않고, 그 질문을 다른 친구들 혹은 학급 전체와 공유하는 시간이 반드시 필요하기 때문입니다. 이런 방식으로 지금까지 제 스스로에게 던졌던 내면의 소리를 학생들의 질문과 접목시켜 체계화하고자 시도했습니다. 그래서 탄생한 것이 바로 '질문과 대화가 있는 노트'입니다.

텍스트와의 대화

'텍스트와의 대화'는 학생들이 질문을 만들기 위해 반드시 읽고 분석해야 하는 교과서 내용과의 대화입니다. 즉, 학생들은 질문을 만들기 전에 먼저 교과서에 나와 있는 글과 그림, 사진 자료들을 중심으로 텍스트와의 대화 시간을 가지게 됩니다. 이를테면 교과서에 제시된 내용 중에서 자신이 무엇을 알고 모르는지, 더 알고 싶은 내용은 무엇인지 분석하게 됩니다. 그리고 교과서에 제시된 그림이나 사진 자료가 무엇을 의미하는지, 그것이 자신에게 주는 의미가 무엇인지 분석하면서 텍스트와의 대화 시간을 갖습니다. 따라서 텍스트와의 대화의 질은 학생들이 주어진 텍스트를 얼마만큼 진지하게 대하고 세밀하게 분석했는지에 따라 달라집니다.

마찬가지로 수업 및 학생들의 질문 수준도 그들이 주어진 텍스트와 얼마나 친밀하게 교제하고 상호작용하는가에 따라 달라집니다. 이를테면 이미 경험한 세계와 익숙한 담론은 그들에게 친근하게 다가올 것입니다. 그러나 그들이 경험하지 못한 내용에 대해서는 불편함을 느낍니다. 따라서 교사는 학생들에게 친근하고 익숙하게 다가오는 내용과 불편하고 어색하게 다가오는 내용을 잘 분석하도록 해야 합니다. 그야말로 학생들은 텍스트와의 대화 시간을 통해 주어진 텍스트를 여러 각도에서 요리조리 돌려가며 분석하고 관찰하게 됩니다. 그리고 교사는 그 대화 시간의 끝자락에서 그들의 지적 호기심을 적극적으로 발산하도록 안내합니다. 요컨대, 교사는 학생들이 이미 익숙한 담론 및 경험 세계를 접하게 되었을 때는 그것을 다시 한번 더 명확하게 확인하는 차원에서 접근하도록 해야 합니다. 반면에 익숙하지 않은 내용에 대해서는 의문점을 가지고 깊이 있는 질문을 하도록 유도해야 합니다. 이러한 과정 속에서 학생들은 텍스트가 부여하는 미지의 세계로 자신의 생각과 사고의 날개를 활짝 펴고 날아오릅니다.

자신과의 대화

텍스트와의 대화 시간을 가진 후에 학생들은 '자신과의 대화' 시간을 갖습니다. 이 단계에서 학생들은 텍스트와 그림, 사진 자료를 보면서 갖게 된 여러 가지 질문들을 세상 밖으로 쏟아냅니다. 이때 교사는 학생들이 막연히 무엇을 알고 모르는지 정도가 아니라, 메타인지를 동원하여 좀 더 고차원적인 질문을 생성하도록 도와야 합니다. 즉, 교사는 학생들이 정확히 무엇을 알고 모르는지 냉정하게 판단하게 합니다. 그리고 이를 채우기 위한 중요한 통로로 질문을 생성하도록 해야 합니다. 요컨대, 자신과의 대화는 텍스트를 면밀히 관찰, 분석한 후에 자기 내면에서 일어나는 의구심을 질문으로 승화시키는 단계입니다.

사실 학생들은 이런 식의 대화에 익숙하지 않습니다. 기존의 학교 교육은 학생들이 자신과 진지하게 대화할 수 있는 여건을 제대로 마련해 주지 못했기 때문입니다. 오히려 그런 것들을 제한하는 경향이 더 농후했습니다. 지금은 많이 나아졌다고는 하지만, 실제 수업상황을 들여다보면, 여전히 학생들은 자신이 무엇을 모르고 아는지에 대해 진지하게 고민할 수 있는 충분한 시간을 갖지 못합니다.

반면에 학생들은 제한된 시간 안에 교사가 일방적으로 가르치는 내용을 수용하는 것에 더 익숙합니다. 이러한 현상은 학습 내용에 대한 학생들의 내재적 동기를 제대로 자극하지 못하는 부정적인 요인으로 작용합니다. 그래서 교사는 이러한 부정적인 요인을 만회하고자 온갖 수업 자료 및 매체를 동원하기도 합니다. 그러나 그런 노력과 수고에 비해 그 효과는 미미한 결과로 돌아올 때가 많습니다. 즉, 그것은 일시적인 효과와 자극으로 작용할 뿐, 지속적인 동기 유발 및 학습 의욕 고취에는 분명한 한계점이 있습니다.

따라서 학교생활을 거듭하면서 학생들은 자기도 모르는 사이에 수동적인 수업 문화 및 분위기에 점차 익숙해져 갑니다. 그래서 학생들은 어느 순간부터 그런 방식의 수업을 당연한 것으로 치부합니다. 그리고 그것에 대해 별다른 반감이나 반발을 갖지 않습니다. 이러한 부정적 수업상황을 어느 정도 해결할 수 있는 방법이 바로 자신과의 대화 시간을 갖게 하는 것입니다. 교사는 학생들에게 메타인지를 활용하여 자신의 앎과 무지를 냉정하고 객관적으로 판단하게 합니다. 그리고 이러한 숙고 과정을 통해 생성한 질문을 끌어안고 더 깊은 학습의 장으로 나아가도록 돕습니다.

이 과정에서 학생들의 질문은 다음과 같은 중요한 의미를 갖습니다. 먼저 자신이 이미 알고 있는 내용이 주관적인 앎의 수준인지 그렇지 않은지 확인할 수 있습니다. 그래서 이와 연계된 질문들을 통해 기존에 자신이 알고 있던 주관적인 지식을 객관화시키는 과정을 갖게 됩니다. 이뿐만 아니라 학생들이 생성한 질문들은 그들로 하여금 그것을 해결하고자 하는 적극적인 자세와 태도를 견지하게 합니다. 따라서 자신과의 대화 시간은 학습 내용에 대한 긍정적이고 자발적인 농기를 불러일으키는 요인으로 삭용합니다. 한 걸음 더 나아가, 그것을 계속 유지시켜 줄 뿐만 아니라 자신의 삶을 또 다른 경험 세계로 이어지도록 합니다.

타인들과의 대화

질문이 넘치는 수업에서 이루어지는 세 번째 대화는 바로 '타인들과의 대화'입니다. 타인들과의 대화는 텍스트와의 대화, 자신과의 대화를 더욱 의미 있게 해 주는 대화라고 할 수 있습니다. 왜냐하면 자신의 생각과 주장이 옳은지의 여부를 확인하고 재정립하는 시간이기 때문입니다. 물론 수업상황에서 이러한 과정은 다양한 학습 대화 방식―짝 대화, 모둠 대화, 학급 대화 등―으로 전개됩니다.

'객관적이고 절대적인 진리를 부정하는 포스트모던 시대에도 진리가 존재할 수 있는가?' 우리는 이 질문에 대해서 단호하게 '그렇다.'라고 대답할 수 있습니다. 사실 학생들에게 펼쳐진 학습의 장은 나름의 옷을 말끔하게 갖춰 입은 수많은 지식과 정보, 진리가 전시된 시장과도 같습니다. 물론 거기에 전시된 것들은 어느 정도의 시간이 지나면 자신들의 왕좌를 기꺼이 내어주어야 하는 운명에 처해 있습니다. 다시 말해, 현재 통용되고 있는 지식과 진리도 어디까지나 잠정적인 것에 불과하다는 것입니다. 그럼에도 불구하고 우리들은 이 학습의 장에 전시된 수많은 지식과 진리의 가치를 잠정적으로나마 인정해야 합니다. 그것이 바로 학문 세계에서뿐만 아니라, 이 사회를 유지시켜 주는 중요한 질서로 작용하기 때문입니다.

그렇다면 포스트모던 시대의 진리는 어떤 방식으로 세워져야 할까요? 그것은 '간주관성'이라는 방식으로 세워지고 정립되어야 합니다. 간주관성이란 학생들이 갖고 있는 나름의 주관적인 의견이나 생각을 동료와 서로 공유하면서 그들 간에 공통분모를 찾아가는 과정입니다. 따라서 간주관성은 절대적이고 객관적인 진리를 단호하게 배격하는 포스트모던 시대에 나름의 진리를 찾아가는 중요한 과정이자 방법입니다.

이처럼 학생들은 타인들과의 대화를 통해 나름의 진리를 세우고 찾아가는 시간을 갖습니다. 즉, 학습 내용에 대한 서로의 이해의 지평을 교환하고 검증하는 과정에서 어느 정도의 공통분모를 찾아가게 됩니다. 이러한 과정을 통해 처음에는 주관적인 지식과 정보로 존재했던 것이 차츰 객관화된 지식과 정보로 발돋움하게 됩니다. 또한 타인들과의 대화는 자신이 학습한 내용에 대한 이해가 옳은지를 확인하는 시간이 되기도 합니다. 이를테면 학생들은 다양한 배움 대화를 통해 나름 확실하다고 믿고 정립한 내용들을 검증받게 됩니다. 그리고 불확실하거나 애매모호한 내용에 대해서는 확실성을 확보하고 그 위험성을 줄여갑니다.

이러한 과정을 거치면서 학생들은 세상을 바라보는 자신의 관점을 다듬어 가고 이 세상에 대한 이해의 지평을 넓혀갑니다. 즉, 학생들은 타인들과의 대화를 통해 자신이 알고 이해한 지식과 생각에 오류가 발견되면 그것을 수정하고 개선하게 됩니다. 그리고 어설픈 지식이나 생각은 좀 더 세련되게 다듬고 정확도를 높여갑니다. 이러한 과정을 통해 학생들은 이 세상을 좀 더 객관적으로 이해하는 힘을 기르고 더 높은 품위로 상승하는 기회를 갖습니다. 이처럼 타인들과의 대화는 이 세상에 대한 자신의 생각과 이해를 다른 존재들과 함께 공유하면서 그것을 좀 더 객관적으로 세워가고 정립해 가는 중요한 시간이자 단계입니다.

또 다른 존재들과의 대화

2022 개정 교육과정의 중요한 개발 방향은 바로 '깊이 있는 학습'입니다. 깊이 있는 학습을 위해 교과 간 연계와 통합, 학습 과정에 대한 성찰, 삶과 연계한 학습을 강조하고 있습니다. 질문이 넘치는 수업은 2022 개정 교과 교육과정에서 강조하는 깊이 있는 학습과도 ―특히 학습 과정에 대한 성찰, 삶과 연계한 학습이라는 측면에서―

밀접한 관련이 있습니다. 특히 질문이 넘치는 수업의 마지막 단계인 또 다른 존재들과의 대화가 바로 깊이 있는 학습의 성격을 잘 드러내 줍니다.

주지컨대, 질문이 넘치는 수업에서 빼놓을 수 없는 중요한 활동 중에 하나가 바로 '비주얼씽킹(visual thinking)'입니다. 학습 내용과 관련한 핵심 포인트를 간단한 그림과 함께 자신의 말과 언어로 표현하고 정리하는 활동입니다. 그리고 그것을 수업 말미에 다양한 배움 대화를 통해―저는 주로 임의 짝 활동을 통해서 전개합니다―서로 가르치고 배우는 활동으로 연결시킵니다. 이때 학생들은 자신이 정리한 비주얼씽킹을 통해 학습한 내용을 친구들에게 가르칩니다. 또한 친구들이 정리한 비주얼씽킹을 보고 듣는 가운데 그것을 자신의 생각과 비교하면서 학습 내용을 내면화합니다. 이뿐만 아니라, 이렇게 가르치고 배우는 과정 속에서 학습 내용과 관련한 오류가 발견되면 상호 피드백을 통해 그것을 수정·보완해 나갑니다.

그러나 질문이 넘치는 수업은 여기서 끝나지 않고 아직 마지막 한 단계가 남아 있습니다. 친구들과의 배움 대화를 통해서 내면화하고 정리한 학습 내용을 가족을 비롯한 또 다른 존재들과의 대화―여기에는 주변의 사람들뿐만 아니라 나무, 풀, 바위, 돌, 하늘, 구름 등 모든 피조물을 포함함―를 통해 더 확장하고 심화하는 단계입니다. 잘 알다시피 학생들이 배우는 대부분의 학습 내용은 그들 주변의 모든 현상과 직간접적으로 연결되고 관련되어 있습니다. 그러므로 각 교과에서 배운 학습 내용을 그들 삶 속의 다양한 현상들과 연계하여 상기해 보는 활동은 더 깊이 있는 학습을 위해서 반드시 필요합니다. 즉, 학습 내용과 관련한 사회 및 자연 현상을 다시 한번 더 상기하며 묵언의 대화를 나누는 것은 너무나 중요합니다.

또한 주변의 또 다른 존재들—가족, 친구, 심지어 주위의 모든 물체 등—에게 자신이 학습한 내용을 다시 반복하여 말해 보는 것은 또 다른 차원의 학습으로 이어지게 하는 통로가 됩니다. 저는 이것을 '또 다른 존재들과의 대화'라고 명명하고 싶습니다. 지금까지 살펴본 텍스트와의 대화, 자신과의 대화, 타인들과의 대화, 또 다른 존재들과의 대화를 질문이 넘치는 수업에서 어떻게 구체화되는지 간략하게 살펴보면 다음과 같습니다.

수업의 흐름	대화의 종류
• 텍스트 읽고 분석하기	• 텍스트와의 대화
• 질문 만들기	• 자신과의 대화
• 학습 대화(징검다리 질문, 본질 질문, 적용 질문)	• 타인들과의 대화
• 비주얼씽킹을 통해 서로 가르치기 • 주변의 모든 존재들과의 대화	• 또 다른 존재들과의 대화

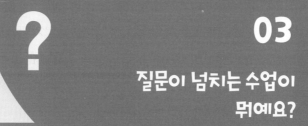

03

질문이 넘치는 수업이 뭐예요?

교사에게 가장 보람된 순간은 언제일까요?

아마 배움 대화를 하는 가운데 여기저기에서 쏟아지는 학생들의 탄성소리 곧 "아하!"라고 하는 새로운 세계가 열리는 감탄사를 들을 때일 것입니다.

한마디로 자신의 전 인격을 흔드는 깨달음과 앎의 대향연, 그야말로 '도가 터지는 소리'를 들을 때입니다.

그 소리는 병아리가 알에서 깨어 나오는 새로운 생명의 탄생, 그 신비의 순간을 마주하는 한 인간의 외침과도 같습니다.

그리고 어두운 무지의 터널에서 앎과 깨달음의 빛과 부활로 나아오는 새로운 생명의 함성이기도 합니다.

아마 학생들에게 그 순간만큼은 놀라운 진리를 깨달은 위대한 천재 아르키메데스가 목욕탕에서 뛰쳐나와 "유레카!"라고 외쳤던 그 희열과 기쁨도 전혀 부럽지 않은 영광의 순간일 것입니다.

질문이 넘치는 수업을 소개해 드릴까요?

추측건대, '질문이 넘치는 수업'이라는 용어를 처음 접한 사람들은 아마 다음과 같은 생각을 할 것입니다. 즉, '수업에서 어떻게 질문이 없을 수 있단 말인가?'라는 생각입니다. 왜냐하면 질문이 넘치는 수업은 마치 기존의 수업에서는 질문이 없었던 것처럼 단정하는 것과 같은 인상을 주기 때문입니다. 어쩌면 그렇게 오해하실 수도 있습니다. 그러나 여기에서 말하는 질문이 넘치는 수업은 기존의 수업을 질문이 없었던 것처럼 치부하면서 폄하하는 것이 절대로 아닙니다. 학교급에 따라서 정도의 차이는 분명 존재하겠지만, 어떻게 수업에서 질문이 없을 수 있단 말입니까? 그렇다면 질문이 넘치는 수업이란 무슨 의미일까요?

주지컨대, 수업에서 질문이―물론 교사가 던지는 질문은 일반적으로 발문이라고 합니다―얼마나 중요한지는 두 말할 나위가 없습니다. 그러나 이러한 질문의 중요성에도 불구하고 다음과 같은 질문에 긍정적인 답변을 할 수 있는 사람은 그리 많지 않을 것입니다. '학생들의 질문이 중요한 수업 주제 및 내용으로 채택되어 수업이 이루어졌는가?' '수업 중에 학생들의 학습 동기와 흥미를 지속적으로 유지시킬 수 있는 질문이 있었는가?' '있었다면 그런 질문을 얼마나 자주 제시했는가?'라는 지점에 이르면 대부분의 사람들은 의기소침해질 것입니다.

이러한 맥락에서 지금까지의 수업 방식은 학생들이 직접 만든 질문을 수업에 활용한다는 것은 거의 상상조차 할 수 없었습니다. 그도 그럴 것이 질문은 주로 교사가 학생들에게 던지는 것이라는 고정관념이 지배적이었습니다. 그리고 학생들은 교사의 질문에 수동적으로 반응하는 존재로 여겨져 왔습니다. 또한 교사가 던진 질문에 해답을 찾아가는 존재로만 여겨졌던 것이 기존의 수업 방식이었습니다. 따라서 기존 수업에서 질문은 사실상 교사의 전유물로 여겨져 왔다고 해도 과언은 아닙니다. 그러나 질문이 넘치는 수업에서는 그동안 교사의 전유물로만 여겨져 왔던 질문 생성의 주도권을 학생들과 함께 공유합니다. 한 걸음 더 나아가 교사가 미리 계획하고 구성한 질문뿐만 아니라, 학생들이 만든 질문을 중심으로 수업을 진행합니다. 요컨대, 질문이 넘치는 수업은 질문을 위한, 질문에 의한, 질문을 통한 수업이라고 해도 과언이 아닙니다. 이러한 측면에서 질문이 넘치는 수업은 기존의 수업 방식과 구별됩니다.

효과성과 맥락성을 살려주는 질문

일반적인 수업에서도 성취기준에 근거한 학습 문제가 있고, 그 학습 문제를 해결하기 위한 다양한 활동들이 있습니다. 마찬가지로 질문이 넘치는 수업에서도 단계별로 중요한 질문들이 있습니다. 예컨대, 학습 질문, 징검다리 질문, 본질 질문, 적용 질문 등이 있습니다. 이러한 질문들은 수업 상황에서 약간씩 다른 역할을 합니다. 그러나 그것들은 서로 유기적으로 하나의 연결고리를 가지고 있습니다. 화살이 하나의 과녁을 향해 날아가듯이, 이러한 질문들도 모두 하나의 목표를 향해 수렴됩니다. 그리고 그것들은 맥락적으로 맞닿아 있고, 서로 유기적인 관계로 묶여 있습니다. 요컨대, 모든 질문들은 최종적으로 학습 목표를 해결하는 데 효과적일 뿐만 아니라, 상호 맥락성 및 유기적인 관계성을 담보하고 있습니다. 이러한 질문들에 대해서 좀 더 구체적으로 살펴보면 다음과 같습니다.

교사는 어떤 질문을 던져야 하나요?

학습 질문

'학습 질문'은 질문이 넘치는 수업에서 가장 먼저 제시되는 질문입니다. 이 질문은 학생들이 학습 활동을 통해서 해결해야 할 최종적인 도달점이자 학습 목표와도 밀접한 관련이 있습니다. 이를테면, 학습 질문은 학생들이 학습 활동을 하는 분명한 목적과 이유를 가장 잘 드러내 주는 질문입니다. 따라서 학습 질문은 주로 학생들이 도달해야 할 행동을 중심으로 제시됩니다. 그런데 어떤 교과는 차시별 학습 내용을 질문 형식으로 제시하는 경우도 있습니다. 그런 경우에는 그 질문을 그대로 학습 질문으로 활용해도 되지만, 경우에 따라서는 조금 변경해서 제시할 수도 있습니다.

요컨대, 학습 질문을 일반적인 수업 형태와 비교하자면 학습 문제에 해당합니다. '분수 막대를 사용하여 대분수의 덧셈과 뺄셈을 해 봅시다.'라는 학습 문제를 생각해 봅시다. 일반적인 수업에서 학습 문세는 평서문으로 제시됩니다. 그러나 질문이 넘치는 수업에서는 이러한 학습 문제를 의문문(질문)으로 변형하여 제시합니다.

그런데 여기에서 한 가지 유의할 점이 있습니다. 학습 질문은 단순히 학생들에게 무엇을 해 보자고 하는 '권유형'으로 제시하면 안 된다는 것입니다. 즉, 학습 질문은 본 차시와 관련한 여러 가지 질문들을 해결한 후에 궁극적으로 도달해야 할 행동(혹은 지식, 기능, 태도 등)으로 제시되어야 합니다. 이를테면, '분수 막대를 사용하여 대분수의 덧셈과 뺄셈을 해 볼까요?'라는 권유형으로 제시하기보다는

'분수 막대를 사용하여 대분수의 덧셈과 뺄셈을 하려면 어떻게 해야 할까요?'라고 하는 것이 더 올바른 학습 질문 제시방식이라고 할 수 있습니다.

- 학습 질문은 공부할 문제를 질문으로 바꾸는 형식으로 제시함
- 학습 질문은 학습자의 행동으로 서술되었을 때 학습자가 도달할 행동을 질문으로 제시함
- 두 가지의 목표가 함께 제시될 때는 좀 더 큰 범위의 포괄적인 의미의 질문으로 제시함

징검다리 질문

그다음 질문은 '징검다리 질문'입니다. 개울을 건너다보면 군데군데 징검다리를 보게 됩니다. 징검다리가 필요한 이유는 이쪽에서 반대쪽까지 단 한 번 만에 개울을 건너갈 수 없기 때문입니다. 최종적인 도달점 행동인 학습 질문도 마찬가지입니다. 그것은 현재 학생들의 이해 수준에서는 곧바로 접근하여 해결하기 어려운 질문입니다. 그래서 출발점 행동에 서 있는 학생들이 최종 도착 지점인 학습 질문으로 가기 위해서는 반드시 도움이 될 만한 질문이 필요합니다. 즉, 마지막 도달점 행동에 해당하는 학습 질문을 해결하기 위해서는 반드시 징검다리 역할을 하는 질문이 필요합니다. 그것이 바로 징검

다리 질문입니다.

일반적인 수업 형태에서도 교사는 학습 문제 해결을 위해 몇 개의 활동들—보통 두 가지 혹은 세 가지 정도—을 제시합니다. 그러므로 일반적인 수업 형태와 비교하자면, 징검다리 질문은 활동 1에 해당한다고 볼 수 있습니다. 일반적인 수업에서 활동 1은 학습 문제를 효과적으로 해결하기 위해 가장 먼저 제시하는 활동입니다. 마찬가지로 징검다리 질문도 학습 질문을 해결하기 위해서 반드시 거쳐야 하는 첫 번째 관문에 해당합니다. 학습 질문 해결에 가장 기본적이고 중요한 요소이자 열쇠가 되는 질문이라고 할 수 있습니다.

- 징검다리 질문은 학습 질문을 해결하는 과정에서 던지는 질문임
- 학생들의 질문을 연결하여 징검다리 질문으로 제시하면 더 효과적임
- 학생들이 만든 질문에 징검다리 질문과 관련된 질문이 없다면 교사가 징검다리 질문을 직접 만들어 제시함

본질 질문

앞서 진술한 징검다리 질문은 궁극적으로 학습 질문을 해결하기 위해 중요한 징검다리 역할을 합니다. 그러나 징검다리 질문은 동시에 본질 질문을 해결하기 위한 중요한 발판으로도 작용합니다. 따라

서 징검다리 질문은 질문의 맥락상 학습 질문 및 본질 질문 모두에 영향을 주는 질문이라고 할 수 있습니다. 그러므로 본질 질문은 세 가지의 활동이 제시되는 일반적인 수업 형태와 비교하자면, 활동 2 정도에 해당한다고 볼 수 있습니다. 학습 질문과 가장 맞닿아 있고, 그것을 해결하는 데 가장 본질적이고 구체적인 질문에 해당합니다. 그래서 질문의 형태도 학습 질문과 유사한 경우가 많습니다. 따라서 학생들은 본질 질문에서 가장 많은 시간을 보내면서 활동하게 됩니다. 왜냐하면 본질 질문은 학습 질문 해결에 가장 핵심적인 열쇠가 되기 때문입니다.

- 본질 질문은 학습 문제를 해결하기 위한 구체적이고 본질적인 질문으로 학생들의 배움을 이끌어 내는 질문임
- 본질 질문은 학생 질문으로부터 찾아내어 연결하면 좋음
- 학습 질문에 근접할 수 있도록 단위 수업 시간에 1~2개 정도를 정선하여 구체적으로 제시함

적용 질문

질문이 넘치는 수업에서 가장 마지막으로 제시하는 질문이 바로 '적용 질문'입니다. 적용 질문을 일반적인 수업 형태와 비교하자면, 활동 3에 해당한다고 볼 수 있습니다. 그리고 적용 질문은 말 그대로

학습 내용을 학생들의 실생활에 적용하는 질문입니다. 또한 학습 내용을 학생들의 삶과 직접 연결시켜 줌으로써, 학생들의 사고의 범위를 교실에서 세상으로 확장시켜 줍니다.

사실 학생들이 학습하는 내용은 대부분 그들의 삶과 떼려야 뗄 수 없는 불가분의 관계에 있습니다. 그러므로 학습 내용을 아무리 잘 배우고 이해했다고 하더라도, 그것이 학생들의 실제적인 삶과 분리되어 있다면 진정한 의미에서의 학습이 이루어졌다고 볼 수 없습니다. 이러한 맥락에서 적용 질문은 학습 내용을 교실 밖으로 끌고 가서, 학생들과 세상을 만나게 해 주는 질문입니다. 요컨대, 적용 질문은 학습 내용을 학생들의 삶으로 확장시켜 줄 뿐만 아니라, 그것에 새로운 생명과 활력을 불어넣어 주는 질문입니다. 따라서 이 적용 질문은 2022 교과 교육과정 개정에서 지향하는 깊이 있는 학습을 위한 삶으로의 연계와도 밀접한 관련이 있는 질문입니다.

- 적용 질문은 학생들이 학습한 내용을 그들의 실제적인 삶으로 연결하여 적용하는 질문임
- 동시에 적용 질문은 학습 내용을 좀 더 심화하여 그 내용들이 그들에게 얼마만큼 내면화되었는지를 확인하는 질문이기도 함

질문에는 어떤 종류가 있나요?

질문 만드는 방법을 몰라 당황스러워요

학생들과 함께 질문이 넘치는 수업을 하고 싶지만, 실제 실행하는 과정에서 적지 않게 겪게 되는 고충이 있다면 무엇일까요? 다름 아닌 학생들이 질문을 제대로 만들지 못할 뿐만 아니라 어려워한다는 것입니다. 학생들의 이런 반응과 모습은 어떻게 보면 당연하고 자연스러운 현상입니다. 왜냐하면 대부분의 학생들은 학교에서뿐만 아니라, 그들이 살아가는 삶의 공간에서 질문 만드는 방법과 훈련을 제대로 받아본 적이 없기 때문입니다. 그리고 지금까지 우리나라 사회 분위기와 학교 교육은 대부분 어른들이 던지는 질문에 학생들이 답하고 반응하는 것이 일반적인 모습이었습니다. 따라서 질문 만드는 방법에 대한 사전 지도 및 훈련 없이 질문을 만들게 하면 학생들은 당황해합니다. 그리고 질문을 만든다고 하더라도 수업내용과 별로 관련이 없는 질문을 만들기 일쑤입니다. 따라서 질문이 넘치는 수업을 제대로 구현하기 위해서는 사전에 질문의 종류 및 질문 만드는 방법에 대한 충분한 지도와 연습이 선행되어야 합니다. 그런데 질문 만드는 방법을 알기 위해서는 먼저 질문에는 어떤 종류가 있는지 알아야 합니다.

부르는 명칭은 달라도 의미는 비슷해요

사실 그동안 적지 않은 사람들이 질문과 관련한 내용과 방법을 이

론적으로 정리하여 제시한 바 있습니다. 전성수 교수는 『최고의 공부법 하브루타』에서 질문하는 방법을 4단계로 구분하여 제시했습니다. 바로 사실(내용) 질문, 심화(상상) 질문, 적용(실천) 질문, 종합(메타) 질문입니다. 사실 질문은 말 그대로 본문에 제시된 사실적인 내용과 관련된 질문입니다. 이를테면 본문 내용과 직접적으로 연관된 내용이나 개념, 단편적인 지식과 관련한 질문이라고 할 수 있습니다. 그리고 심화 질문은 본문에 언급되어 있지는 않지만, 본문의 내용을 유추하면 충분히 답할 수 있는 질문입니다. 본문 내용과 관련한 느낌, 생각, 장단점, 추리, 유추 등이 바로 그것입니다. 그리고 적용 질문은 인물의 말과 행동, 그리고 내용을 자신과 타인의 삶에 직간접적으로 적용해 보는 질문입니다. 이를 통해, 자신의 현재적인 삶을 성찰해 보고 좀 더 나은 삶으로 나아가기 위한 도움으로 삼는 것입니다. 마지막으로 종합(메타) 질문은 본문 내용이 주는 교훈과 시사점 등에 대해 메타인지를 발휘하여 적용하는 것입니다. 이를 통해 본문 내용을 좀 더 비판적인 시각에서 바라보게 함으로써 학생들의 창의적인 사고력을 길러줍니다.

　양경윤 수석교사는 『교실이 살아있는 질문 수업』에서 블룸의 인지적 영역 및 정의적 영역의 단계 설정에 따라 새롭게 구안된 'PSM 질문놀이'를 제시하였습니다. PSM 질문놀이에서 P는 'Play', 즉 재생한다는 뜻입니다. 다시 말해, 본문 내용을 재생하는 것으로서 알고 있거나 기억하고 있는 것을 재생하는 것입니다. 그리고 S는 'Synthesize'로 둘 이상의 것을 비교·분석하여 종합하는 것입니다. 그리고 M은 'Meta & Value' 단계로, 메타 질문과 가치 질문에 해당한다고 말합니다.

　또한 박태호 교수는 질문의 종류와 내용을 사실적 질문, 해석적 질문, 적용적 질문으로 분류하였습니다. 사실적 질문은 책에 명확하게 제시된 정보의 회상과 기억을 요구하는 질문입니다. 즉, 본문에서 질문의 답을 찾을 수 있는 바로 여기 질문(Right There)이라고 할 수 있습니다. 또한 사실적 질문은 답이 본문에 명확하게 제시된 주로 5WH(언제, 어디에서, 누가 무엇을 하였나?)와 관련된 질문입니다. 그리고 해석적 질문은 텍스트에 암시적으로 제시된 정보에 독자의 생각을 추가하는 질문입니다. 탐정 질문(Detective Question)이라고 하는데, 주로 답이 텍스트에 함축적으로 드러난 Why 질문이 여기에 해당합니다. 마지막으로 적용적 질문은 정보(정답)는 오직 독자의 마음에 있으며, 정답이 책을 벗어나는 질문입니다. 즉, 답은 오직 독자의 머릿속에만 존재합니다.

따라서 세 분이 제시한 질문의 종류 및 단계는 비록 사용한 용어는 다르지만, 서로 교차하여 사용할 수 있을 정도로 유사한 점들이 많다는 것을 알 수 있습니다.

'Three 확' 질문법으로 질문 수업 열어가기

　잘 알다시피, 인간의 인격은 지·정·의 세 가지 요소로 구성됩니다. 그리고 이러한 인격과 관련된 부분은 모든 시대를 불문하고 학교 교육의 가장 기본적이고 중요한 목적으로 설정되어 왔습니다. 학교 교육의 가장 기본적인 목적은 바로 올바른 인격 변화를 통한 참된 삶을 추구하는 인간을 길러내는 것이었습니다. 그렇다면 이러한 학교 교육의 목적을 달성하기 위한 수업은 어떤 모습이어야 할까요? 그리고 그 수업의 중심에는 무엇이 자리 잡아야 할까요? 그것은 두 말할 나위 없이 인간의 인격 변화를 구체적으로 도모할 수 있는 '학생 주도형 수업'이어야 합니다. 그리고 그 수업의 중심에는 교사와 학생 간, 학생과 학생 간의 다양한 질문 및 활발한 상호작용이 중요한 위치를 차지해야 합니다. 이러한 맥락에서 볼 때, 수업에서 교사와 학생의 질문이 차지하는 중요성은 아무리 강조해도 지나치지 않을 것입니다. 그야말로 질문은 수업의 시작이자 과정이며, 끝이라고 해도 과언이 아닙니다. 왜냐하면 수업은 질문으로 시작되고, 질문으로 전개되며, 수업 후에는 그것을 바탕으로 또 다른 질문을 위한 수업으로 이어지기 때문입니다. 수업과 삶은 바로 그러한 과정의 연속이라고 할 수 있습니다.

　그러나 이러한 질문의 중요성에도 불구하고 과연 실제 수업 장면에서 효과적인 질문 생성이 있었는지 직시할 필요가 있습니다. 또한 이러한 과정을 통한 문제 해결 및 진리를 찾아가는 모습을 볼 수 있었는지 되짚어 볼 필요가 있습니다. 만약 질문의 중요성을 분명하게 인지하고 있었음에도 불구하고, 실제 수업 장면에서 그런 모습을 제대로 볼 수 없었다면 그 이유는 무엇일까요?

추측건대, 그 이유는 두 가지 정도로 요약할 수 있을 것입니다. 하나는 교사와 학생들이 질문이 무엇인지(질문의 종류를 포함해서), 질문을 어떻게 만들어야 하는지, 또한 질문을 수업에 어떻게 활용해야 하는지에 대한 이해 부족 때문입니다. 또 다른 하나는 그것을 효과적으로 수행하기 위해 필요한 훈련과 연습이 제대로 되지 않았기 때문입니다. 따라서 여기에서는 질문이 넘치는 수업을 효과적으로 운영하기 위해 필요한―곧 질문의 종류, 질문을 만드는 방법 등―'Three 확 질문법'을 제시하고자 합니다.

사실 확인 질문 : 인지적인 측면과 관련한 질문

'사실 확인 질문'은 인격을 구성하는 세 가지 요소 중에서 '지', 곧 인지적인 측면과 관련한 질문입니다. 사실 확인 질문은 교과서에 나오는 본문 내용에 대한 사실적인 부분을 구체적으로 확인하는 질문입니다. 그러므로 사실 확인 질문은 주로 6하원칙에 따라 '언제, 어디서, 누가, 무엇을, 어떻게, 왜'로 시작되는 질문이 중심이 됩니다. 이러한 사실 확인 질문들은 일차적으로 본문의 내용을 자세하게 확인하는 차원에서 반드시 필요합니다. 그리고 향후 본문의 내용을 좀 더 심도 있게 이해하고 분석하는 데도 도움이 됩니다.

교과서에 제시된 텍스트를 읽다 보면, 본문에서 중요한 키워드가 되는 낱말이나 핵심 개념들을 발견할 수 있습니다. 이는 본문 전체를 이해하는 데 매우 중요한 역할을 합니다. 사실 확인 질문은 바로 본문에 언급된 중요한 낱말과 개념들의 의미를 확인하기 위해 던지는 질문입니다. 따라서 사실 확인 질문은 주로 본문의 내용과 관련한 인지적인 측면에서 던지는 질문이라고 볼 수 있습니다.

내용 확대 질문: 정서적인 부분과 관련한 질문

'내용 확대 질문'은 인격을 구성하는 세 가지 요소 중에서 '정', 곧 정서적인 부분과 관련한 질문입니다. 학생들은 단순히 본문 내용만을 파악하기 위해 지적인 측면에서만 글을 읽지는 않습니다. 왜냐하면 교과서 내용은 자연스럽게 학생들의 생각과 느낌을 이끌어 내기 때문입니다. 바로 이러한 차원에서 던지는 질문이 내용 확대 질문인데, 이것은 주로 정서적인 부분과 깊은 관련이 있습니다. 이를 테면 내용 확대 질문은 본문에 나오는 인물의 말과 행동에 대한 타인의 생각과 느낌을 묻고 그것을 자신의 것과 비교하는 질문입니다.

또한 내용 확대 질문은 교과서에는 직접 언급되지 않았지만, 본문 내용을 알면 어느 정도 짐작이 가능하고, 또한 다양한 해석이 가능한 질문이기도 합니다. 따라서 내용 확대 질문은 사실 확인을 통해 파악한 인지적인 측면을 감정적인 차원으로 승화시키는 질문으로 볼 수 있습니다. 요컨대, 내용 확대 질문을 통해 학생들은 일차적으로 본분 내용에 대한 자신의 생각과 느낌을 다른 사람들과 비교하게 됩니다. 본문에 등장하는 다양한 인물과 사건에 대한 서로의 생각과 느낌을 공유하고 비교하게 됩니다. 이를 통해 학생들은 자신의 감정을 표현하고 순화시킬 뿐만 아니라, 동시에 타인에 대한 이해와 공감 능력을 확장하게 됩니다.

자기 확인 질문: 의지적인 부분과 관련한 질문

'자기 확인 질문'은 인격을 구성하는 세 가지 요소 중에서 '의', 곧 의지적인 측면과 관련한 질문입니다. 이를테면 본문의 내용이 자신에게 주는 교훈과 시사점을 토대로 자신의 삶을 돌아보고 성찰하는 질문입니다. 이를 통해 향후 자신의 삶에 대한 새로운 의지와 각오를 다지고 확인하게 됩니다. 즉, 자기 확인 질문은 학생들이 본문에 등장하는 인물에 자신을 투영시키는 것입니다. 그리하여 자신의 가치관과 태도, 삶의 방식을 다시 점검하고 새롭게 합니다. 한 걸음 더 나아가 인물의 생각과 행동에 대한 옳고 그름을 판단하고, 그것을 반면교사로 삼아 자신의 삶에 직접 적용하게 됩니다.

지금까지의 내용을 표로 정리하면 다음과 같습니다.

〈저자에 따른 질문의 분류 및 유형〉

저자 / 질문의 유형		전성수 교수	양경윤 수석	박태호 교수
질문이란: 전인격의 변화를 도모하기 위한 인간의 호기심	사실 확인 질문 (지적)	사실(내용) 질문 - 낱말 뜻, 내용에 대한 질문, 6하원칙	재생질문 - 기억하자, 알자, 이해하자	사실적 질문 - 책에 명확하게 제시된 정보의 회상과 기억 요구 (5WH)
	내용 확대 질문 (정서적)	심화(상상) 질문 - 내용을 알면 짐작이 가는 질문 - 느낌, 의견, 비교하는 질문 - 장단점, 문제해결 방법 질문 - 추리, 유추하는 질문	종합질문 - 비교하고 분석하자 - 종합하고 창조하자	해석적 질문 - 텍스트에 암시적으로 제시된 정보에 독자의 생각 추가 - 주로 WHY질문이 해당
	자기 확인 질문 (의지적)	적용(실천) 질문 - 나(우리)에게 교훈, 시사점, 적용에 대한 질문 - 상대방에 적용, 생활에 적용	메타질문 - 나라면, 우리사회와 관련질문 - 작가의 의도, 교훈	적용적 질문 - 정답이 책을 벗어나는 질문 - 답은 오직 독자의 머릿속에만 존재
		종합(메타) 질눈 - 교훈, 반성, 시사점에 대한 질문		

〈Three 확 질문법〉

질문 유형	내 용	구체적인 질문 방식	
사실 확인 질문 (인지적 측면)	【교과서 내용 중심】 • 교과서 내용에 근거하여 6하원칙에 따라 사실을 확인하는 질문 • 낱말의 의미와 뜻 등	누가	이 책의 저자는 누구인가요?
		언제	이 전쟁은 언제 일어났나요?
		어디서	이 사건은 어디에서 일어났나요?
		무엇을	주인공은 무엇을 했나요?
		어떻게	주인공은 이 문제를 어떻게 해결했나요?
		왜	주인공은 이 문제를 왜 중요하게 생각하나요? (본문 내용에 언급된 내용)
내용 확대 질문 (정서적인 측면)	【교과서 내용+학생 생각 중심】 • 교과서 내용(인물과 사건)에 대한 자신의 느낌과 생각 • 교과서 내용을 토대로 여러 가지 해석이 가능한 질문	느낌	~에서 너의 느낌은?
		생각	~에서 너의 생각은?
		의견	~에 대한 너의 의견은?
		가정	~가 ~라면?
		장단점	~의 장점과 단점은?
		방법	~에 대해 문제를 해결하는 방법은?
		왜	본문 내용에 언급되지 않아서, '왜'라는 질문을 통해 유추해 볼 수 있는 내용
자기 확인 질문 (의지적인 측면)	【교과서 내용+적용 중심】 • 교과서 내용을 자기 자신에게 적용하는 질문	선택	나라면 어떻게 행동할까?
		판단	~가 옳다고 생각하는가?
		요약	이야기 요약하기
		배울 점	내가 배울 점은?
		적용	나의 생활에 어떻게 적용할 것인가?
		메타	본문과 관련해서 무엇을 알고 모르고 있는가?

'Three 확 질문 만들기'의 예시

〈그림자료〉

〈사실 확인 질문의 예〉

- 그림에는 누가 나오나요?
- 이 그림의 공간적 배경은 어디일까요?
- 이 그림의 시간적 배경은 하루 중에 언제일까요?
- 이 부부의 직업은 무엇일까요?
- 이 부부는 각각 어떤 옷을 입고 있나요?
- 이 부부는 가운데 무엇을 놓고 기도하고 있나요?
- 이 부부는 어떻게 기도하고 있나요?
- 남자 옆에는 무엇이 있나요?
- 하늘은 무슨 색을 띠고 있나요?

〈내용 확대 질문의 예〉

- 이 부부가 기도하고 있는 모습을 보니 어떤 생각(느낌)이 드나요?
- 이 부부는 왜 기도하고 있을까요?

- 이 부부의 기도 내용은 어떤 것일까요?
- 이 부부는 왜 두 손을 모아서 기도할까요?
- 이 부부의 종교는 무엇일까요?
- 이 부부는 무엇을 가장 가치 있게 생각하고 있을까요?
- 여자 옆에 수레 같은 도구의 용도는 무엇이라고 생각하나요?
- 왜 남자는 쇠스랑을 꽂아두었을까요?
- 누가 먼저 기도하자고 했을까요?
- 이 부부는 집이나 다른 곳에서도 기도할까요? (하면 언제?)
- 남자는 밭에서 어떤 일을 했고, 여자는 어떤 일을 했을까요?
- 다른 직업도 많을 텐데 왜 이들 부부는 농부의 삶을 살고 있을 까요?
- 여러분은 이들 부부의 삶이 행복해 보이나요? (만약 그렇다면 왜 그렇게 생각하나요?)

〈자기 확인 질문의 예〉

- 만약에 여러분이 농부라면 하루 일과를 마친 후에 가장 먼저 무 엇을 할까요?
- 만약에 여러분이 농부라면 어떤 기도를 할까요?
- 여러분은 농부가 되고 싶다는 생각을 한 적이 있나요?
- 만약에 여러분이 농부라면 어떤 농사를 짓고 싶은가요?
- 여러분은 논이나 밭에서 농사일을 도와준 적이 있나요?
- 여러분은 이 부부에게서 무엇을 배우고 싶나요?
- 이 부부가 여러분의 삶에 주는 교훈은 무엇인가요?
- 여러분은 농부들을 존경해 본 적이 있나요? (그렇다면 왜 그런 가요?)

- 여러분은 농부들이 하는 일을 가치롭다고 생각한 적이 있나요?
- 요즘 젊은 사람들은 왜 농사일을 꺼려 할까요?

사실 확인 질문에서 시작된 질문은 점차 자기 확인 질문으로 나아가야 합니다. 그뿐만 아니라, 학습자는 자기 확인에서 멈추지 않고 다시 사실 확인과 내용 확대를 통해서 자신을 돌아보고 성찰하는 시간을 갖게 됩니다. 이것이 바로 질문을 통해 배움이 일어나는 학습의 과정이자, 질문이 한 인간 존재의 전인격을 변화시키는 동력으로 작용하는 중요한 기제입니다. 이를 간단한 그림으로 제시하면 다음과 같습니다.

〈세 가지 질문 간의 관계〉

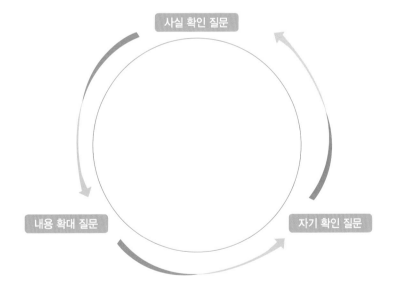

그러면 질문은 어떻게 만드나요?

아무리 좋은 학습 자료를 준비하고 교수 매체를 활용한다고 하더라도, 그것이 저절로 의미 있는 수업으로 연결되지는 않습니다. 그것이 수업에서 의미를 주고 가치 있는 것으로 드러나기 위해서는 기본적으로 두 가지 전제조건이 필요합니다. 먼저 교육내용과 깊은 관련성을 갖고 있어야 합니다. 그리고 그것들이 적기적소에 투입되어야 합니다. 그런데 저는 그것에 덧붙여 한 가지를 더 강조하고 싶습니다. 그것은 바로 그런 학습 자료와 교수 매체에 '의미'라고 하는 날개를 달아주어야 한다는 것입니다. 그리고 그 날개를 더 소중하고 빛나게 해 주는 것이 바로 학생과 교사의 '질문'입니다. 그렇지만 그것은 결코 쉬운 일이 아닙니다. 질문 하나하나가 수업 전체의 분위기와 상황을 완전히 뒤바꿀 만큼 수업에서 결정적인 역할을 하는데도 말입니다. 어떻게 보면, 질문이 수업의 전체적인 향방과 성패를 좌우한다고 해도 과언이 아닐 것입니다. 그렇다면 어떻게 해야 질문다운 질문—곧 수업에 진정한 날개를 달아주고 중요한 의미를 부여하는 질문—을 만들 수 있을까요?

질문 만들기가 학생들에게 또 다른 부담감으로 작용할 수 있어요

질문 만드는 활동은 질문 만드는 방법에 익숙하지 않은 학생들에게는 그리 만만치 않습니다. 물론 그 이유는 다양합니다. 가장 흔한 이유는 살아오면서 질문을 만들어 본 경험이 거의 없거나 많지 않기 때문입니다. 즉, 자신이 알고 싶은 부분은 분명히 있는데, 그것을 질문으로 표현하는 방법을 제대로 모르는 경우가 많습니다. 실제 수업을 해 보면, 많은 학생들이 이런 반응을 보입니다. 이를테면 질문을 쉽게 만들 수 있을 것 같은데, 막상 만들려고 하면 잘 되지 않는다는 하소연을 종종 합니다.

가장 안타까운 경우는 자신이 무엇을 알고 무엇을 모르고 있는지와 관련한 메타인지의 결핍에서 오는 어려움입니다. 이유야 어찌 되었든 간에, 질문 만들기에 익숙하지 않은 학생들에게 무턱대고 "질문을 만들어보라"고 하는 것은 또 다른 부담감이나 혹은 강요로 작용합니다. 따라서 교사는 이러한 부작용과 어려움을 사전에 제거하기 위해서 질문 만드는 방법에 대한 체계적인 훈련과 연습이 중요하다는 사실을 인식해야 합니다.

그러나 우리의 삶 자체가 질문의 연속이죠

그러면 어떻게 질문을 만들게 하면 좋을까요? 우선 이 질문에 대해 기술하기 전에 한 가지 직시해야 할 것이 있습니다. 그것은 질문이란 우리의 삶과 떼려야 뗄 수 없는 불가분의 관계에 있다는 것입니다. 그야말로 질문은 우리의 삶 그 자체라고 해도 과언이 아닙니다. 예를 들어, 신고 있던 신발이 많이 낡아서 새 신발을 사야 할 경우를 가정해 봅시다. 그러면 자연스럽게 이런 질문을 던지게 됩니다.

'어떤 상품의 신발을 사면 좋을까?'
'색상은 어떤 것으로 하면 좋을까?'
'가격은 어느 정도가 좋을까?'
'조깅화가 좋을까, 아니면 운동화 종류가 좋을까?'

단지 학생들은 자신의 삶에 모든 부분이 질문과 깊은 관련이 있다는 사실을 명확하게 인식하지 않고 있었을 뿐입니다. 그러므로 교사는 학생들에게 그들의 삶에서 던지는 수많은 질문을 학습 내용으로 자연스럽게 연동되도록 안내하는 것이 중요합니다. 이것은 철학적으로나 혹은 교육학적으로 대단히 큰 의미를 함의하고 있습니다. 왜냐하면 우리가 학교에서 배우는 수많은 내용들이 바로 우리의 삶과 직간접적으로 연관되기 때문입니다. 따라서 교사는 이러한 사실을 분명히 인식하고 학생들이 질문을 통해 수업내용과 자신의 삶을 효과적으로 연결하도록 안내해야 합니다. 이 부분에서 교사의 역량이 발휘되어야 합니다.

다시 말해, 교사는 학생들에게 질문 만드는 활동이 어려운 것이 아니라, 그들의 삶과 밀접한 관련이 있다는 것을 알게 해야 합니다. 물론 학생들이 학습 내용과 관련하여 제시하는 질문은 삶에서 던지는 질문과 차이가 있습니다. 잘 알다시피, 학습 내용은 수많은 지식과 정보 중에서 미래 학생들의 삶을 위해 특별히 선별된 것입니다. 왜냐하면 학교는 이 세상에 존재하는 모든 정보와 지식을 가르칠 수 없기 때문입니다. 따라서 그것들은 국가적인 가치와 비전, 시대적인 상황과 맥락, 교육 주체 및 객체의 요구를 반영하여 특별히 선정되고 선택된 것입니다. 달리 말하면, 그것들은 학생들이 이 세상을 살아가는데 반드시 필요한 내용들로 구성됩니다. 또한 국가가 정한 학교 교육의 목적을 달성하기 위해 특별히 선택된 내용이자 자료입니다. 이러한 측면에서 일상에서 던지는 질문과 학교 교육의 목적을 위해 특별히 선택된 역사, 곧 학습 내용에 대한 질문은 분명한 차이가 존재합니다. 그럼에도 불구하고 교사와 학생들은 질문이 우리 삶의 중요한 한 부분이며, 우리 삶을 더 풍요롭고 가치 있게 하는 동인으로 작용한다는 것을 잊지 말아야 합니다.

질문 만들기, 교과서를 꼼꼼히 살피는 것에서 시작됩니다

질문이 넘치는 수업에서 무엇보다 중요한 사실은 학생들에게 텍스트 내용을 충분히 그리고 면밀히 분석하면서 읽게 하는 것입니다. 그리고 그림 및 사진 자료도 꼼꼼히 살피면서 질문을 만들게 하는 것도 중요하며, 학습 내용이 무엇인지 명확하게 확인하고 가능한 그 범위 내에서 질문을 만들게 하는 것이 중요합니다.

주지하다시피, 텍스트는 학습 내용을 가장 집약적으로 요약한 내용입니다. 그래서 교사는 학생들이 질문을 만들 때, 가장 우선적으로 교과서 내용을 잘 살펴보게 해야 합니다. 또한 학생들이 읽은 내용 중에서 잘 모르거나 혹은 애매모호한 내용을 우선적으로 직시하도록 해야 합니다. 한 걸음 더 나아가, 이해는 되지만 좀 더 명확한 이해가 필요한 내용을 중심으로 질문을 만들게 해야 합니다. 그 과정에서 그림이나 사진 자료도 질문을 만드는 데 빼놓을 수 없는 중요한 자료가 된다는 것을 강조해야 합니다.

물론 표나 그림, 사진 자료는 교과마다 실문을 만드는 데 활용되는 방법이 조금씩 다를 수 있습니다. 예컨대, 사회 교과의 경우 다소 장황한 설명이 필요하거나 중요한 자료 및 내용을 일목요연하게 정리·표현해야 하는 경우에 표로 제시하는 경우가 많습니다. 이런 경우에는 표를 잘 해석하고 분석하는 것이 매우 중요합니다. 그리고 학습 내용과 관련한 도움 자료 혹은 부가적인 자료, 보충자료로 그림이나 사진을 제시하는 경우도 있습니다. 그래서 교사는 학생들이 질문을 만들 때 텍스트뿐만 아니라 표나 그림, 사진 자료를 참고하여 만들게 하면 좋습니다.

그리고 과학 교과의 경우, 일차적으로 실험과정과 관련한 그림이나 사진 자료가 많은 부분을 차지합니다. 또한 학습과 관련한 핵심적인 내용은 물론이고, 동기 유발을 할 때 필요한 자료들도 있습니다. 그리고 학습 내용을 적용하는 과정에서 학생들의 이해를 돕기 위한 도움 자료, 보충 자료, 그림이나 사진 자료도 있습니다. 따라서 과학은 우선적으로 실험 장면을 유심히 살펴보게 하는 것이 중요합니다. 그리고 학습 내용과 관련한 핵심적인 부분을 면밀히 살펴보게 하며, 내용 적용 및 확장의 의미를 내포하고 있는 도움 자료나 보충 자료도 유심히 살피도록 해야 합니다. 그리고 그것이 담고 있는 의미를 이해하고 분석하도록 안내해야 합니다.

그렇게 안내하지 않으면, 학생들은 제시된 그림이나 사진 자료의 의미와 중요성을 제대로 생각해 보지도 않고 그냥 지나치는 경우가 다반사입니다. 그러므로 교사는 교과의 특성과 학습 내용을 잘 분석하여 학생들이 이런 오류를 범하지 않도록 잘 안내해야 합니다. 특히 자신의 수준에서 잘 이해되지 않는 부분을 포함하여, 왜 그런 자료가 제시되었는지, 그리고 그것이 무엇을 의미하는지를 잘 생각하며 질문을 만들게 하면 좋습니다.

Part. 2

새로운 힘찬 출발,
그리고 그 힘찬
출발을 위한 날갯짓

04

질문이 넘치는 수업,
사전 전략이 뭘까요?

수업은 수많은 인식의 지평들이 조우하는 공식적인 만남의 시간입니다. 그리고 교실은 그 지평의 경계선을 자유롭게 넘나들도록 허용된 특별한 만남의 공간입니다.

그러므로 학생들은 교실이라는 특별한 공간에서 수업이라는 특별한 만남을 통해 수많은 인식적 융합을 이루어 갑니다.

더 나아가, 그러한 특별한 만남은 일상과는 다른 차원의 교육적인 삶을 살게 합니다. 그리고 수많은 의미들을 새롭게 창출하고 엮어가도록 합니다.

질문이 넘치는 수업은 바로 모든 교육 주체로 하여금 누구에게나 동일한 크로노스(CHRONOS)의 시간을 뛰어넘어, 새로운 의미와 가치를 창출하는 카이로스(KAIROS)의 시간을 살게 합니다. 그러나 그 시간은 철저하게 준비하고 또한 준비된 자에게만 허락되는 특별한 선물이자 축복이라는 사실을 잊지 말아야 합니다.

교실분위기를 긍정 모드로 전환하라

여러분들은 수업을 하면서 어떨 때 가장 마음 아프고 속상하십니까? 저는 학생들 상호간에 지나친 비난과 질책이 오고 갈 때입니다. 그리고 상대방의 마음을 제대로 헤아리지 않고 반응하거나 인격을 무시할 때입니다. 즉, 조그마한 일로 친구들의 마음을 아프게 하거나 상처를 줄 때입니다. 특히, 평상시 의기소침하고 내성적이었던 학생이 어렵게 용기를 내어 발표할 때가 있지 않습니까? 이때 대부분의 학생들이 부정적인 반응을 보이거나 냉담할 때 가장 마음이 아프고 안타깝습니다. 아마 여러분들도 수업을 하면서 저와 같은 경우를 하루에도 몇 번씩이나 경험했을 것입니다.

저는 이와 같은 안타까운 상황과 분위기를 단순히 학생들 개개인의 문제나 책임으로 전가할 수 없다고 생각합니다. 왜냐하면 이러한 현상을 그런 식의 단순 논리로 치부하거나 단정 지을 수 없는 더 근본적인 원인이 존재하기 때문입니다. 그중에 하나가 바로 지나치게 과도한 경쟁 구조 및 경직된 교육문화입니다. 어릴 적부터 이러한 경쟁석인 사회구조 및 경직된 교육환경에 잠식된 학생들은 부지불식간에 그러한 모습을 자연스럽게 발산합니다. 그래서 학생들은 친구들을 배려하거나 상대방의 잘못이나 실수를 용납하고 수용하는 것을 어려워합니다. 오히려 그들을 비난하고 무시하는 것에 더 익숙해져 있습니다. 결국 어릴 적부터 배태된 이러한 잘못된 습관과 태도가 공교육의 현장에서도 그대로 노출되면서 이러한 부정적인 교실 분위기를 연출한다고 볼 수 있습니다.

그렇다면 하루에도 몇 번씩이나 이런 안타까운 상황을 직면해야 하는 교사는 어떻게 해야 할까요? 그냥 내버려 두자니 왠지 모르게 교사로서의 책임을 회피하는 것 같아서 마음이 그다지 편치 않습니다. 그러나 고민만 거듭한다고 해서 이러한 상황을 타개할 수 있는 획기적인 전략이나 방법이 갑자기 떠오르는 것도 아닙니다. 그래서 이러한 상황에 직면한 동료 교사들이 이러지도 저러지도 못하는 진퇴양난에 빠져 고민하는 것을 적지 않게 보게 됩니다.

　이런 격언이 있습니다. "생각은 행동을 바꾸고, 행동은 습관을 바꾸고, 습관은 성격을 바꾸고, 성격은 운명을 바꾼다."는 격언 말입니다. 이러한 맥락에서 교사는 그 수고와 노력에 비해 그에 따른 결과가 미미할지라도, 학생들의 생각과 습관을 바꿀 수 있는 여러 가지 방법을 시도해야 합니다. 그렇다면 지금까지 친구들을 함께 가야 할 동료가 아니라 단지 넘어서야 할 경쟁상대로만 생각하고 자라온 학생들의 생각을 변화시킬 수 있는 방법은 무엇일까요? 우선, 그들의 언어 습관이 변화되어야 하고, 그 방법은 바로 '아하, 그렇구나!' 감탄법과 '괜찮아!' 격려법 입니다.

　'아하, 그렇구나!' 감탄법은 다양한 학습 대화 상황에서 도움이 될 만한 의견이나 발표를 한 친구에게 보이는 긍정적인 반응 및 적절한 칭찬의 표현입니다. 그리고 '괜찮아!' 격려법은 반대로 그렇지 못한 상황에서 의기소침한 친구에게 용기를 북돋아주는 격려의 표현입니다. 특히 후자는 상대방이 실수를 하거나 혹은 제대로 자신의 의견을 개진하지 못한 상황에서 더욱 빛을 발합니다. 왜냐하면 이러한 격려의 말은 자칫 낙담하거나 실망할 수 있는 상황에서 오히려 반전 효과를 자아내어 교실 분위기를 화합과 수용적인 모드로 전환시키기 때문입니다.

　이러한 칭찬과 격려의 말을 통해 교실 분위기를 차츰 긍정 모드

로 전환시키는 것은 질문이 넘치는 수업을 위한 중요한 전제조건이
자 준비 작업이 됩니다. 질문이 넘치는 수업에서 교사는 다른 어떤
수업 형태에서보다 이러한 상황에 더 많이 노출되고 직면하기 때문
입니다. 질문이 넘치는 수업에서 학생들이 쏟아내는 각양각색의 질
문들은 일정 부분 수준 차이가 있습니다. 너무나 당연한 질문을 던
지거나 질문에 제대로 반응하지 못한 학생은 곧잘 다른 친구들의 놀
림거리가 될 수도 있습니다. 이러한 상황에서 그 학생에게 빈정거림
과 질책, 모욕감을 주는 것이 아니라, 오히려 격려와 위로의 말을 건
넨다면 어떨까요? 특히 질문이 넘치는 수업에서는 학생들 상호 간의
배움 대화가 매우 중요한 위치를 차지합니다. 따라서 이러한 다양한
배움 대화 과정에서 칭찬과 격려의 말은 긍정적이고 수용적인 교실
분위기를 형성하는 데 큰 효과가 있습니다.

　물론 오랫동안 습관화된 학생들의 부정적인 언어 습관을 하루아
침에 긍정적으로 전환시키는 것은 그리 쉬운 일이 아닙니다. 그리고
그것은 많은 시간과 인내가 필요한 작업이기도 합니다. 그렇다 하더
라도 가랑비에 옷 젖는 줄 모르듯이, 포기하지 않고 꾸준히 지속하
다면 보면 조금씩 변화되는 학생들의 모습을 볼 수 있습니다. 바로
그때 교사는 교육의 힘이 얼마나 위대한가를 실감하게 됩니다. 그리
고 오랜 기다림 끝에 자신이 노력하고 애쓴 결과가 선사하는 풍성한
교육적 열매와 그것이 자아내는 황홀한 희열을 맛보게 됩니다.

'아하, 그렇구나!' 감탄법

지금은 많이 나아졌다고는 하지만, 우리 사회는 여전히 칭찬에 인색합니다. 마땅히 칭찬받아야 하는 상황은 차지하더라도, 행여 실수를 하거나 조금이라도 비난받을 만한 꼬투리를 잡히면 격려와 위로는커녕 온갖 질책과 비난이 난무합니다. 이러한 상황은 학교도 크게 다르지 않습니다. 많은 학생들은 상대방의 장점을 칭찬해 주고 난처한 상황에 처한 친구들을 위로하고 격려해 주는 것에 익숙하지 않습니다. 오히려 다른 사람들에게 책임을 전가하고 상대방의 실수나 약점을 트집 잡아서 무안과 수치심을 줄 때가 많습니다. 그렇다고 해서 지금 저는 이런 상황과 현실에 대해 누구의 잘잘못을 따지고 싶지는 않습니다. 오히려 이러한 상황에 대한 문제의식을 함께 공유하면서 이 문제를 해결할 수 있는 합리적인 방안과 지혜를 모으고 싶을 뿐입니다.

잘 알다시피, '칭찬은 고래도 춤추게 한다.'라는 말이 있지 않습니까? 하물며 수업 상황에서 학생들 개개인의 인격을 존중하고, 조그마한 내용이라도 칭찬하고 긍정적인 반응을 보인다면 얼마나 좋은 학급 분위기가 연출되겠습니까? 사실 학급에서 학생들 상호 간에 발생하는 대부분의 질책과 비난, 모욕적인 발언은 많은 경우 학생들의 언어 및 생활 습관과 깊은 관련이 있습니다. 이러한 상황은 고학년에 올라가면 갈수록 더 심각해집니다. 따라서 비록 이러한 부정적인 언어 습관(곧 타인에 대한 질책과 비난, 모욕 등)이 심각한 상황으로 치닫지 않더라도, 그 당사자에게는 잊을 수 없는 정신적인 피해와 상처로 이어지는 경우가 많습니다. 그래서 고안한 방법 중의 하나가 바로 '아하, 그렇구나!' 감탄법 입니다.

'아하, 그렇구나!' 감탄법은 수업 중에 친구들의 발표와 의견 개진에 대한 긍정적인 반응의 일환으로 '아하, 그렇구나!'라고 하는—이때 오른손 엄지와 중지를 부딪쳐 소리 내면서 하면 더 좋습니다—감탄사를 표출하는 것입니다. 따라서 '아하, 그렇구나!' 감탄법은 친구를 존중하고 칭찬하는 의미를 담고 있습니다. 주지컨대 질문이 넘치는 수업에서는 다양한 배움 대화, 곧 짝 대화(옆 짝 대화, 앞뒤 짝 대화, 임의 짝 대화, 회전 짝 대화 등) 및 모둠 대화, 전체 대화가 수업의 중요한 부분을 차지합니다. 따라서 이러한 배움 대화 과정에서 '아하, 그렇구나!' 감탄법은 서로를 존중하면서도 상호 간의 대화를 더욱 생동감 있게 해 주는 근원적인 힘으로 작용합니다.

그런데 수업 상황에서 '아하, 그렇구나!' 감탄법이 학급에 제대로 정착되기 위해서는 먼저 상대방의 말을 잘 경청하는 태도가 선행되어야 합니다. 이를 위해 교사는 다음과 같은 방법을 활용하면 좋습니다. 즉, 어떤 주제에 대한 짝 대화나 모둠 대화를 마친 후에, 학생 개개인의 의견이나 생각을 묻는 것보다, 오히려 함께 대화를 나눈 친구들이 무슨 말을 했는지 먼저 확인해 보는 것이 더 효과적입니다. 왜냐하면 인간의 타고난 본성 중에 하나가 바로 자기중심성이기 때문입니다. 그래서 대부분의 학생들은 타인의 말에 관심을 가지고 경청하려는 태도가 많이 부족합니다. 오히려 자신의 의견과 생각에만 집중하고, 상대적으로 타인의 생각과 말에는 별다른 관심을 두지 않습니다.

그런데 어떤 학생들은 자신은 상대방의 말을 잘 경청하지 않으면서, 상대방은 자신의 말을 잘 들어주기를 바라는 이율배반적인 행동을 합니다. 여기에 한술 더 떠서, 자신의 말을 잘 경청하지 않는 상대방을 향하여 온갖 짜증과 불만, 불평을 봇물 쏟아내듯 표출하는 모습을 드러내기도 합니다. 참으로 이해하기 힘든 학생들의 심리이지만, 이것은 부인할 수 없는 엄연한 사실입니다. 학생들의 이러한 이율배반적인 행동은 다음과 같은 전략을 통해 많이 경감될 수 있습니다. 이를테면 이런 배움 대화를 한 후에, 교사가 학생들에게 상대방이 무슨 말을 했는지 말해 보게 하는 것입니다. 이런 과정을 반복하다 보면, 처음에는 타인의 말을 제대로 경청하지 않던 학생들도 차츰 타인의 말을 경청하려는 태도를 견지하게 됩니다.

이처럼 교사는 효과적인 질문이 넘치는 수업을 전개하기 위해, 먼저 학생들에게 타인의 말을 잘 경청하는 것의 중요성을 강조해야 합니다. 그리고 배움 대화의 당사자 혹은 발표를 하는 친구의 의견이나 생각이 자신에게 도움이 되었다면—특별히 새로운 정보와 지식을 제공한 경우에—'아하, 그렇구나!'라는 감탄사를 표현하게 합니다. 무엇보다도 교사는 모든 배움 대화 상황—짝 대화뿐만 아니라, 모둠 대화, 전체 대화 등—에서 '아하, 그렇구나!' 감탄법을 일관성 있게 적용함으로써 서로를 존중하고 칭찬하는 학급 분위기를 계속 견지하도록 해야 합니다.

'아하, 그렇구나!' 감탄법이 모든 수업 상황에 제대로 정착되고 학생들의 의식적·습관적인 언어생활로 자리매김하기 위해서는 상당한 시간과 노력이 필요합니다. 따라서 교사는 그 기간이 장기간의 인내와 기다림이 요구된다는 사실을 염두에 두어야 합니다. 그렇지 않으면, 한두 번 시도해 보다가 자신이 생각했던 대로 학생들이 반응하지 않거나 그 변화가 미미하면 쉽게 좌절하거나 낙심하게 됩니다. 따라서 교사는 학생들의 반응과 변화가 자신이 의도한 대로 잘 흘러가지 않는다고 하더라도, 반복적인 연습과 훈련을 게을리 하지 말아야 합니다. 이 과정에서 교사와 학생들 모두 경계하고 조심해야 할 한 가지 내용이 있습니다. 그것은 바로 '아하, 그렇구나!' 라는 감탄사를 장난삼아 혹은 비꼬듯이 내뱉거나 남발하는 것을 경계해야 한다는 것입니다.

'괜찮아!' 격려법

여러분들은 초·중학교 학창 시절에 누구로부터 격려를 받아보신 적이 있습니까? 특별히 수업 중 선생님의 질문에 제대로 대답하지 못했을 경우에 말입니다. 즉, 짝 대화, 모둠 대화에서 자신의 의견을 명확하게 피력하지 못했거나 망설이고 있을 때, 누구로부터 격려를 받아본 적이 있습니까? 그런 경험이 있었다면 여러분은 좋은 선생님과 친구들을 만났다고 해도 과언이 아닐 것입니다. 아마 대부분의 경우에는 그냥 아무렇지 않게 지나갔겠지만, 가끔은 핀잔과 질책도 받았을 것입니다. 그럴 때 여러분의 마음은 어떠했습니까? 쥐구멍에라도 들어가고 싶은 심정이었을 것입니다. 때로는 핀잔과 질책을 한 당사자에게 오랫동안 좋지 못한 감정을 가지기도 했을 것입니다. 그런 경우에 부정적인 감정을 유발시키는 핀잔과 질책이 아니라, 용기와 자신감을 갖게 하는 격려의 말을 들었다면 얼마나 좋았을까 생각해 봅니다.

수업 상황은 교사와 학생, 학생과 학생 간의 끊임없는 발문과 질문이 오가는 상호작용의 연속입니다. 무엇보다도 다인수 학급의 경우, 학생들 각자의 지적 수준은 천차만별입니다. 또한 세상과 사물, 현상, 사건, 문제 상황을 바라보는 그들의 관점과 생각도 많이 다르기에 수업에서 서로의 의견과 생각 차이로 인한 갈등과 나뉨은 피할 수 없는 당연한 결과라고 말할 수 있습니다. 그리고 수업을 하다보면, 진위 여부가 확실히 구분되는 발문 및 질문에도 명확한 답을 하지 못하는 학생들을 보게 됩니다. 이러한 모든 상황에서 교사는 학생들 상호 간에 마음의 상처를 주지 않고 계속 수업에 적극적으로 참여할 수 있도록 동기를 부여해야 합니다. 또한 수업이 전개되는 모든 과정에서 학생들의 학습 동기를 계속 유지해야 하며, 학생들의 마음이 다른 곳으로 분산되지 않고 학습에만 집중할 수 있도록 배려하고 격려해야 합니다. 그런 방법 중의 하나가 바로 '괜찮아!' 격려법입니다.

이 격려법은 교사나 학생들의 질문에 제대로 답을 하지 못하거나 자신의 의견을 제대로 피력하지 못한 학생들을 위한 격려의 말입니다. 즉, 그런 상황에서 그냥 무관심하게 지나치거나 질책하는 것이 아니라, 그 친구에게 '괜찮아!'라고 말해 주는 것입니다. 그렇게 함으로써 그 학생이 좌절하거나 의기소침하지 않고, 계속 학습에 적극적으로 참여할 수 있도록 격려하는 것입니다.

📖 짝 세우기

질문이 넘치는 수업에서 가장 중요하고 효과적인 배움 대화는 두 말할 필요 없이 '짝 대화'입니다. 왜냐하면 어떤 주제를 해결하는 과정에서 가장 용이하게 활용할 수 있는 배움 대화가 바로 짝 대화이기 때문입니다. 따라서 학생들이 짝 대화에 얼마나 적극적이고 활발하게 참여하는가 여부는 수업의 전체적인 향방을 좌우할 만큼 그 비중이 매우 크다고 할 수 있습니다.

그런데 막상 짝 대화를 하게 하면, 의외로 많은 학생들이 제대로 참여하지 않거나 부담스러워합니다. 그럴 수밖에 없는 이유 중의 하나는 바로 그들이 지금까지 짝 대화를 제대로 해 본 경험이 거의 없기 때문입니다. 혹은 상호 간에 자신의 생각과 의견을 자유롭게 주고받을 수 있을 만큼의 친밀한 관계 형성이 되지 않았기 때문입니다. 더 나아가, 주어진 주제와 질문에 대한 이해 부족으로 인해 무슨 말을 어떻게 해야 할지 잘 몰라서 그럴 수 있습니다. 그런데 이 문제는 앞에서 언급한 두 가지 이유와 비교하여 단시간 내에 개선될 여지가 매우 적습니다. 이 문제는 학생 개개인의 지적 수준 및 학습 내용에 대한 이해 정도와 깊은 관련이 있기 때문입니다. 그러나 첫 번째와 두 번째 이유는 교사의 학급 경영 및 관계 형성 노력 여부에 따라 어느 정도 개선될 수 있는 여지가 충분히 있습니다. 그래서 여기에서는 효과적인 짝 대화 및 상호 간 친밀한 관계 형성에 도움이 될 만한 몇 가지 활동을 소개하고자 합니다.

꼬인 손 풀기

이것은 학생들이 가장 좋아하는 놀이 중의 하나로 엉킨 것을 풀기 위해 서로의 협력과 지혜가 필요한 몸 놀이입니다.

❶ 두 사람씩 짝을 짓고, 서로가 두 팔을 크로스 하여 손을 맞잡는다.

❷ 각자 팔을 X 모양으로 하고 오른팔을 왼팔의 위쪽으로 놓고, 오른손바닥은 땅을 향하게 왼손바닥은 하늘을 향하게 하여 상대방과 맞잡는다.

❸ 진행자는 두 사람이 손을 정확하게 맞잡고 있는지 확인하고 손을 놓지 않은 채로 풀어보도록 한다.

❹ 정상적으로 풀린 모습은, 서로가 손을 맞잡은 채로 처음 크로스한 손이 11자로 풀리고 서로 마주보고 서는 상태다.

난쟁이 놀이

이것은 상대방을 처음 만났을 때, 서로에게 친근감을 가질 수 있고 상대방과 쉽게 친해질 수 있는 몸 놀이 중 하나입니다.

❶ 우선 2인 1조로 마주보고 가위바위보를 한다.
❷ 이긴 사람은 진 사람의 머리를 손으로 눌러 5cm 정도 키를 낮추게 한다.
❸ 진 사람은 키를 낮춘 자세로 계속해서 가위바위보를 한다.
❹ 계속 가위바위보를 하는 중에 자세가 흐트러져 쓰러지면 진다.

 모둠 세우기

질문이 넘치는 수업에서 짝 대화 못지않게 중요한 부분을 차지하는 배움 대화가 바로 모둠 대화입니다. 따라서 교사는 생동감과 활력이 넘치는 모둠 대화가 가능하도록 사전에 다양한 모둠 세우기 활동을 계획하여 진행하면 좋습니다. 왜냐하면 학생들이 어느 정도 짝 대화에 익숙해져 있다 하더라도, 그것이 반드시 활발한 모둠 대화를 담보하는 것은 아니기 때문입니다. 서로 다른 짝이 모여서 한 모둠이 되었을 때, 대부분의 학생들은 조금 어색하고 부자연스러운 모습을 보입니다. 그럴 때 교사는 모둠 구성원들 간의 정서적 유대 및 공동체 의식 함양을 위해 사전에 모둠 세우기 활동을 진행할 필요가 있습니다.

4인 손뼉 치기

이것은 모둠별 단합과 일치감을 배양하기 위해 할 수 있는 몸 놀이 중의 하나입니다.

❶ 우선 네 명이 처음부터 그 자리에서 두 무릎 위를 두 손으로 친다.
❷ 가슴 앞에서 박수를 치고, 최후로 마주 보고 있는 친구끼리 가볍게 두 손을 친다.
❸ 동작은 이것뿐인데, B조 두 사람은 처음에 무릎을 두 번 치고 그 다음 동작을 이어서 한다.
❹ 이로써 B조는 A조보다 한 동작 늦어지게 된다. 익숙해 가면 알고 있는 노래에 맞추어 하면 한층 재미있어진다(3박자 노래).

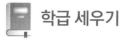

학급 세우기

　질문이 넘치는 수업에서 학급 대화는 짝 대화 및 모둠 대화처럼 빈번하게 이루어지는 것은 아닙니다. 그러나 학급 대화는 짝 대화 및 모둠 대화를 통해 논의된 내용이나 의견을 학급 전체가 함께 공유한다는 측면에서 매우 중요합니다. 또한 그것을 좀 더 체계적이고 종합적으로 정리하여 매듭짓는다는 측면에서도 매우 중요합니다. 한 걸음 더 나아가, 학급 대화는 짝 대화 및 모둠 대화에서 해결하지 못한 주제나 학습 내용을 학급 전체가 협력하여 해결한다는 측면에서도 매우 중요한 역할을 합니다. 요컨대, 학생들은 학급 대화를 통해 학습 내용에 대한 이해의 지평을 넓혀가고, 서로의 생각에 대한 지평의 융합을 이루어가게 됩니다. 이를 위해서는 반드시 다양하고 효과적인 학급 세우기 활동이 필요합니다.

　무엇보다도 올바르고 건전한 학급 세우기는 질문이 넘치는 수업을 위해 반드시 필요한 방편이기도 합니다. 또한 원활한 학급 경영과 포용적인 학급 분위기를 형성하는 데도 긍정적인 요인으로 작용합니다. 특히 학급 세우기는 학급 선체가 하나의 공동체라는 의식을 갖고 서로를 존중하고 배려하는 학급 분위기 형성에 큰 도움이 됩니다. 따라서 학급 세우기는 교사가 원활한 학급 경영을 위해서 반드시 필요하며, 또한 학생들의 인성교육에도 매우 효과적이라고 할 수 있습니다. 여기에서는 성공적인 학급 대화 및 바람직한 학급 분위기 형성에 도움이 되는 몇 가지 활동을 소개하고자 합니다.

그건 바로 너!

이것은 자신 안에 각인된 이미지 보기, 타인의 실제와는 관계없이 자신이 갖고 있는 타인에 대한 이미지가 어떤 모습일지 드러내는 놀이입니다.

❶ 반 전체가 '그대로 멈춰라!' 동요를 부르면서 사방으로 자유롭게 걷는다.

❷ '그대로 멈춰라!'가 끝나는 시점에 진행자가 지시어를 외치면 참가자들은 자신이 생각한 이미지의 대상자를 찾아가 어깨에 손을 얹는다. 실제와는 상관없이 상대의 이미지만을 가지고 즉석에서 판단해야 한다.

❸ 진행자가 외친 지시어(아래 예시 참고)의 대상자가 어떤 한 친구만으로 지목되지 않고 연쇄적으로 이어질 수도 있다.

❹ 지시어를 듣고 모두가 대상자를 선택했다면 왜 선택했는지 얘기해 주도록 한다.

(지시어의 예)

– 이 친구와 밥을 먹으면 정말 맛있게 먹을 수 있을 것 같다.

– 이 친구와 함께 있으면 하루가 무척 재밌을 것 같다.

인간의자 만들기

이것은 서로가 서로를 신뢰하고 연결되는 것의 중요성을 이야기하는 몸 놀이입니다.

❶ 반 전체가 둥그렇게 원형으로 서서 앞 사람의 등을 볼 수 있도록 한다.

❷ 모두가 앞 사람의 어깨에 손을 올리고 몸이 밀착된다 싶을 정도로 원 형태를 좁혀간다.

❸ 앞 사람이 뒷사람의 무릎 위에 앉을 수 있을 거리가 생겼을 때, 진행자는 서로를 의지하여 "인간의자!"를 외친다.

❹ 서로 몸의 방향이 틀어져 있거나 무릎을 정확하게 앞 사람의 의자로 내어주지 않는다면 무너질 수 있다.

❺ 편안하게 인간의자로 앉았다면 모두 손을 "반짝반짝" 표시하거나, "박수"도 쳐 본다.

말 전달 놀이

이것은 진행자가 보여 주는 문장을 정확하게 전달해 가는 활동입니다. 상대방의 말을 정확하게 듣고 전달하는 가운데 서로를 신뢰하고 협력하는 힘을 기를 수 있습니다.

❶ 학생들 몇 사람씩 그룹으로 나누어 각각 일렬로 서게 한다.
❷ 진행자가 그 줄의 맨 앞 학생들을 불러 모아 미리 준비한 문장을 보여 준다.
❸ 자기 줄로 돌아간 학생은 시작과 동시에 다른 줄의 친구들이 들을 수 없도록 귓속말로 문장을 뒤로 전달한다.
❹ 줄 맨 끝 학생이 전달받은 문장을 칠판에 쓴다. 가장 빨리 그리고 정확하게 쓴 줄이 승리하게 된다.

넘어져도 괜찮아

자신 있게 뒤로 넘어질 수 있는 학생은 별로 없습니다. 이 놀이는 서로에게 믿음을 주고 지지를 해 주는 말로 용기를 얻어 진행해 나가는 몸 놀이입니다.

❶ 7~8명씩 원형으로 모둠을 구성한다.

❷ 한 사람을 술래로 지명하면 술래는 코끼리 코를 한 후 허리를 굽혀 5바퀴를 돈다.

❸ 5바퀴를 돌고 나서 일어나 뒤로 넘어지도록 한다. 이때 허리를 굽히거나 다리를 굽혀서는 안 되고 꼿꼿이 일어서서 뒤로 넘어져야 한다.

❹ 술래가 넘어질 때, 다른 사람들은 술래가 바닥으로 떨어지지 않도록 받아 주어야 한다. 받는 사람들은 너무 일찍 받아주면 안 되고, 약 45도 이상 넘어졌을 때 받아주어야 한다.

❺ 모든 사람이 술래가 되어본다.

❻ 마친 다음 소감을 나눈다.

효과적인 배움 대화를 위한 사전 전략

　다양한 연수나 강의를 통해서 습득한 교수·학습 전략 및 방법을 실제 적용하는 과정에서 겪는 곤란이 있다면, 그런 내용들이 본인이 의도한 대로 제대로 구현되지 않는다는 것입니다. 분명 효과적이고 의미 있는 내용이라고 입증되었음에도 불구하고, 적용하는 과정에서 이런저런 문제점이 여기저기에서 노출되기 일쑤입니다. 그럴 때 대부분의 사람들은 '역시 나는 안 되는구나!'라는 자책과 더불어 한껏 몸집을 불린 실망감을 고스란히 끌어안고 주저앉는 경우가 많습니다. 그리고 한숨 섞인 어조로 '역시 이론과 실제는 괴리가 있다.'는 사실을 몸소 체감했다는 것만으로 자족하려고 합니다. 그러나 이러한 생각과 판단은 합리적인 문제 해결 방식이 아닐뿐더러 매사를 그런 식으로 바라보게 하는 잘못된 관점만을 계속 잉태하게 합니다.

　주지컨대, 탁월한 교수·학습 전략이나 방법을 적용하는 과정에서 노출되는 문제점은 크게 두 가지로 요약할 수 있습니다. 하나는 내부적인 요인이고 다른 하나는 외부적인 요인입니다. 인간의 타고난 본성은 당연히 후자의 요인에서 그 문제점을 찾으려고 하는 경향성을 강하게 드러냅니다. 그리고 전자의 요인에 대해서는 거의 관심을 갖지 않거나 어느 정도 감안은 하더라도 당면한 문제 해결에 지대한 영향을 줄 정도의 고려는 하지 않습니다. 그러나 직면한 문제를 합리적으로 해결하기 위해서는 전자와 후자의 요인을 종합적으로 고려하여 해결하려는 지혜가 반드시 필요합니다. 특히 후자보다 전자의 요인에 더 큰 강조점을 두고 그 문제점의 원인을 찾고자 접근할 때, 도저히 풀리지 않을 것 같던 문제가 꼬였던 실타래가 풀리

듯이 쉽게 해결되는 것을 발견하게 됩니다. 그리고 그 문제의 원인도 생각했던 것보다 훨씬 사소한 부분에서 비롯되었음을 실감하게 됩니다. 질문이 넘치는 수업도 예외가 아닙니다. 질문이 넘치는 수업이 제대로 구현되지 않은 직접적인 이유를 다양한 외부 요인—교실 환경, 학생들의 수준 및 반응, 학교 지원 및 분위기 등—에서 찾는 것이 아니라, 교사 자신에게 찾는다면 의외로 그 해결점이 멀리 있지 않고 아주 가까이 있다는 것을 알게 됩니다.

　질문이 넘치는 수업에서 가장 핵심적인 부분은 학생들이 양질의 의미 있는 질문을 만드는 것입니다. 그러나 양질의 탁월한 질문을 만들었다고 하더라도, 그 질문을 어떤 방식으로 해결할 것인지에 대한 고민이 후발적으로 고려되어야 합니다. 이 과정에서 가장 중요하게 생각해야 할 부분은 바로 효과적인 배움 대화 방식을 찾고 적용하는 문제입니다. 왜냐하면 학생들은 교사가 무턱대고 어떤 질문을 해결하기 위한 배움 대화—짝 대화 혹은 모둠 대화—를 하라고 하면, 무엇을 어떻게 해야 할지 막막해하는 경우가 많기 때문입니다. 즉 학생들은 어떻게 대화를 시작해야 하는지, 그리고 계속 대화를 이어가기 위해서는 어떻게 해야 하는지 막연해 합니다. 이뿐만 아니라, 자신이 궁금한 것을 상대방에게 어떻게 질문해야 하며, 상대방의 의견이나 생각을 좀 더 효과적으로 알아가기 위해서 어떤 말을 계속 건네야 하는지 잘 모릅니다. 교사가 판단하기에는 굳이 그런 부분까지 언급해야 하는지 의문점을 가질 수 있지만, 그것은 큰 착각입니다. 학생들이 효과적인 배움 대화를 위한 방법 및 과정을 충분히 인지하고 있는지 여부는 질문의 수준 못지않게 질문이 넘치는 수업의 향배를 가늠하는 중요한 잣대가 됩니다.

'왜까요바'─'왜까요대'─'또질 또질' 질문 놀이

수업을 디자인할 때 교사는 사전에 정말 사소하고 세심한 부분까지─수업 내용과 관련한 돌발 상황, 오개념, 수업 흐름을 방해하는 엉뚱한 질문, 어느 정도 예측 가능한 학생들의 반응 등─꼼꼼히 점검하고 살펴야 합니다. 무심코 배제하거나 간과했던 그 사소한 부분이 수업의 목적과 방향을 흐트러지게 하기 때문입니다. 그리고 애써 수고하고 준비한 수업에 찬물을 끼얹는 경우가 종종 있기 때문입니다.

그렇다면 질문이 넘치는 수업과 관련하여 사전에 가장 심혈을 기울여서 고려해야 할 내용은 무엇일까요? 여러 가지 내용을 언급할 수 있겠지만, 무엇보다도 학생들이 질문을 해결하는 과정에서 원활한 배움 대화가 이루어질 수 있도록 사전에 충분한 훈련과 연습이 필요하다는 것입니다. 학생들은 배움 대화를 어떻게 시작하며, 어떻게 해야 계속 효과적인 질문을 이어갈 수 있을지 사전에 충분히 익혀야 합니다. 이 문제를 가장 효과적으로 해결할 수 있는 방법이 바로 '왜까요바' '왜까요대' '또질 또질' 질문 놀이입니다. '왜까요바' 질문 놀이는 평서문을 '왜 그럴까요?'라고 바꾸어보는 활동입니다. 그리고 '왜까요대' 질문 놀이는 '왜 그럴까요?'라는 질문에 대답하는 활동입니다. 마지막으로 '또질 또질' 질문 놀이는 상대방의 대답을 들은 후에 또 질문하고 또 질문하면서 계속 묻고 답하는 활동을 이어가는 것입니다. 교과서 내용을 가지고 좀 더 구체적으로 설명하면 다음과 같습니다.

❶ 난방 기구에서 나오는 따뜻한 공기는 교실 전체를 따뜻하게 만듭니다.

　⇒ 왜 난방 기구에서 나오는 따뜻한 공기는 교실 전체를 따뜻하게 만들
　　까요?

❷ 주변보다 온도가 높은 공기는 위로 올라갑니다.

　⇒ 왜 주변보다 온도가 높은 공기는 위로 올라갈까요?

❸ 향을 피워 기체 대류 상자의 가운데 구멍에 넣습니다.

　⇒ 왜 향을 피워 기체 대류 상자의 가운데 구멍에 넣을까요?

❹ 고부 군수는 자기 아버지를 칭찬하는 내용의 비석을 세우려고 했습니다.

　⇒ 왜 고부 군수는 자기 아버지를 칭찬하는 내용의 비석을 세우려고 했
　　을까요?

❺ 이웃과 친하게 지내지 않아 돈을 내야 풀어준다고 합니다.

　⇒ 왜 이웃과 친하게 지내지 않은데 돈을 내야만 풀어줄까요?

❻ 편지를 읽고 그동안 불편했던 마음이 많이 사라졌어요.

　⇒ 왜 편지를 읽고 그동안 불편했던 마음이 많이 사라졌을까요?

❼ 전영환 소방관은 어려움에도 불구하고 꾸준히 이웃에 대한 봉사활동을 하고
　있습니다.

　⇒ 왜 전영환 소방관은 어려움에도 불구하고 꾸준히 이웃에 대한 봉사
　　활동을 계속 할까요?

'왜까요대' 질문 놀이

1 왜 난방 기구에서 나오는 따뜻한 공기는 교실 전체를 따뜻하게 만들까요?

⇒ 그 이유는 따뜻한 공기가 교실 전체에 퍼지기 때문입니다.

2 왜 주변보다 온도가 높은 공기는 위로 올라갈까요?

⇒ 제 생각에는 온도가 높은 공기가 가볍기 때문입니다.

3 왜 향을 피워 기체 대류 상자의 가운데 구멍에 넣을까요?

⇒ 그 이유는 향을 피워야 기체 대류 상자 안의 기체가 어떻게 움직이는 잘 알 수 있기 때문입니다.

4 왜 고부 군수는 자기 아버지를 칭찬하는 내용의 비석을 세우려고 했을까요?

⇒ 제 생각에는 고부 군수가 자기 아버지의 공덕을 기리고 자기 가문을 자랑하고 싶었기 때문입니다.

5 왜 이웃과 친하게 지내지 않은데 돈을 내야만 풀어줄까요?

⇒ 제 생각에는 고부 군수가 지금 당장 돈이 필요했기 때문입니다.

6 왜 편지를 읽고 그동안 불편했던 마음이 많이 사라졌을까요?

⇒ 그 이유는 편지 내용에 감동을 받았기 때문입니다.

7 왜 전영환 소방관은 어려움에도 불구하고 꾸준히 이웃에 대한 봉사 활동을 계속 할까요?

⇒ 그 이유는 전영환 소방관의 어릴 적 꿈이 사람들을 도우며 희망을 나눠 주는 사람이 되고 싶어 했기 때문입니다.

❶ 왜 난방 기구에서 나오는 따뜻한 공기는 교실 전체를 따뜻하게 만들까요?

⇒ 그 이유는 따뜻한 공기가 교실 전체에 퍼지기 때문입니다.

≫ 따뜻한 공기는 교실 전체에 어떻게 퍼졌을까요?

⇒ 제 생각에는 따뜻한 공기는 위로 올라가고 차가운 공기는 밑으로 내려오면서 퍼졌을 것 같습니다.

≫ 왜 따뜻한 공기는 위로 올라가고 차가운 공기는 밑으로 내려올까요?

⇒ 그 이유는 따뜻한 공기가 가볍고 차가운 공기는 무겁기 때문입니다.

❷ 왜 고부 군수는 자기 아버지를 칭찬하는 내용의 비석을 세우려고 했을까요?

⇒ 제 생각에는 고부 군수가 자기 아버지의 공덕을 기리고 자기 가문을 자랑하고 싶었기 때문입니다.

≫ 왜 고부 군수는 자기 아버지의 공덕을 기리고 자기 가문을 자랑하고 싶었을까요?

⇒ 제 생각에는 그렇게 하는 것이 고부 군수 자신에게도 자랑이 되기 때문입니다.

≫ 왜 그렇게 하는 것이 고부 군수 자신에게도 자랑이 될까요?

⇒ 그 이유는 당시에는 유대 문화였기 때문에 가문의 자랑이 무척 중요했기 때문입니다.

≫ 유교 문화가 무엇일까요?

05

질문이 넘치는 수업, 효과적인 동기 유발 전략은 뭘까요?

교사를 가장 힘들게 하는 골칫거리 중에 하나는 바로 집중하지 않고 의지력이 약한 학생들을 억지로라도 수업 장면 속으로 데리고 와야 한다는 것입니다. 바로 이 지점에서 동기 유발의 중요성이 드러납니다.

사실 외적 동기 유발은 '밑 빠진 독에 물 붓기'와 같습니다. 그래서 아무리 많이 채웠다 싶어도, 어느새 곧장 제자리로 돌아오고 마는 오뚝이와도 같습니다.

이런 외적 동기 유발을 어떻게 비유하면 좋을까요? 보이지 않는 깊은 곳에 입에 쓴 내용물을 몰래 감추어놓고 바깥에는 학생들이 좋아할 만한 맛난 과자로 예쁘게 치장하여 내미는 것으로 표현할까요? 그러나 그 방법은 아무리 완벽하다 싶어도 금방 들통나기 일쑤입니다.

과장된 표현이기는 하지만, 맛난 과자의 단물을 다 섭취하고 입에 쓴 내용물에 도달한 학생들은 이내 소스라치게 놀라고 당황해합니다. 여기저기에서 "퉤, 퉤" 하는 볼멘소리가 들립니다. 또다시 찾아오는 자괴감과 실패감!

학생들에게 도움이 되는 동기 유발을 하려면 비록 학습 내용물이 학생들의 입에 쓰더라도, 직접 그 자체를 가지고 효과적으로 요리하고 적용해야 합니다.

학생들의 인지구조를 무너뜨려라

이 세상에 태어나는 모든 인간은 미성숙하고 온전하지 못한 상태에서 출생합니다. 이러한 인간이 계속적인 성장과 발달을 통해 점차 성숙하고 온전한 상태로 나아가는 과정은 그야말로 미스터리 그 자체입니다. 그러나 이 과정에서 우리가 주목해야 할 중요한 사실이 있습니다. 그것은 한 인간의 진정한 성장과 발달은 단순히 지식과 정보의 축적과 관련된 양적 측면만으로 판단할 수 없다는 것입니다. 그것보다는 오히려 그 지식과 정보를 구성하는 방식과 관련된 질적 측면이 더 큰 영향력을 발휘합니다. 즉, 한 인간의 성장과 발달은 인지구조 및 세상을 구성하는 관점의 변화와 관련된 질적인 측면이 더 큰 요인으로 작용합니다.

우리가 잘 알다시피, 모든 인간은 자기 나름의 관점과 틀―이를 교육학적으로 인지구조라고 합니다―을 가지고 주변의 현상과 사건, 역사 등을 해석하고 조명합니다. 물론 각 사람의 관점과 틀은 지극히 상대적입니다. 즉, 어떤 사람의 경우에는 상대적으로 좀 더 정교하고 세밀한 관점과 틀을 소유했을 가능성도 있습니다. 그러나 어떤 사람은 반대로 매우 투박하고 거친 관점과 틀을 소유했을 수도 있습니다. 이러한 맥락에서 학교 교육의 중요한 목적 중의 하나는 바로 학생들이 소유하고 있는 기존의 관점과 틀, 곧 인지구조의 변화를 도모하는 것입니다. 이를 통해 세상을 좀 더 정확하고 풍성하게 볼 수 있는 힘을 길러주는 것입니다. 그 관점과 틀이 이미 어느 정도의 정교함과 세밀함을 확보했다면, 그것을 좀 더 세련되게 다듬어 주어야 합니다. 반면에 그 관점과 틀이 거칠고 투박한 상태에 머물러 있다면, 그것을 좀 더 세밀하고 정교하게 다듬어 주어야 합니다.

주지컨대, 인간은 특별한 자극으로 인하여 자신의 인지구조에 결정적인 결함이 발견되거나 혹은 드러나지 않는 한, 변화보다는 오히려 인지적 평형 상태를 유지하려고 합니다. 그러나 새로운 지식과 정보 그리고 경험을 통해 자신의 인지구조에 심각한 문제와 결함이 발견되면 인지적 불균형 상태를 겪게 됩니다. 그런데 이러한 인지적 불균형 상태는 한 인간의 실존뿐만 아니라, 자신의 세계관 및 가치관 등에도 중대한 변화를 요구합니다. 따라서 그 변화에 대한 요구를 즉각적으로 수용하는 인간은 그리 많지 않습니다. 그 이유 중의 하나는 변화를 두려워하는 인간의 타고난 본성에서 찾을 수 있습니다. 즉, 인간은 기존의 인지구조가 주는 편안함 때문에 변화를 두려워하는 것입니다.

그러나 인간은 기존의 인지구조에 불편함을 느끼거나 혹은 어색함이 드러나면 서서히 변화를 도모하고자 합니다. 기존의 인지구조를 통해서는 잘 보이지 않거나 잘 이해되지 않던 현상들이 새로운 인지구조를 통해서 좀 더 선명하고 분명하게 깨달아질 때 그것을 수용하게 됩니다. 이것이 바로 효과적인 동기 유발 전략이 필요한 결정적인 이유입니다. 왜냐하면 교사가 효과적인 동기 유발 전략을 통해 기존의 인지구조에 심각한 불균형을 초래할 만한 자료와 내용을 투입하면 그 변화와 수용의 가능성은 훨씬 더 커지기 때문입니다.

❶ 학습자의 기존의 정보 및 생각을 뒤집어 버리는 사례를 제시하라

수업 사례

　학습자의 인지구조를 무너뜨려서 인지적 불균형을 촉발하게 하는 첫 번째 전략은 바로 학습자의 '기존의 지식과 정보, 생각을 뒤집어버리는 것'입니다. 따라서 여기에서는 이와 관련한 내용으로 5학년 1학기 사회 교과에서 한 차시【1단원: 국토와 우리 생활과 관련한 내용(18/24)】를 선정하여 설명하고자 합니다.

　이 차시는 우리나라의 '1966년의 인구분포'와 '2015년의 인구분포'를 중심으로 시기별, 지역별 인구분포의 특징을 알아보는 내용입니다. 먼저 교사는 우리나라의 인구분포가 어떻게 변화되었는지 알아보기 위한 동기 유발 자료로 1966년도 우리나라의 인구분포도를 학생들에게 제시합니다. 그리고 학생들은 다음과 같은 질문을 중심으로 활동하게 됩니다.

〈교사가 제시한 자료 및 질문〉

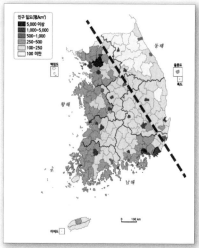

〈1966년의 인구분포: 약 2,915만 명〉

T: 다음은 1966년도 우리나라의 인구분포도입니다. 인구밀도가 (명/㎢) 250 이상이 되는 지역을 색연필로 이어서 어떤 모양이 나오는지 확인해 보세요.

S: (학생들은 교사의 질문을 해결하기 위해 색연필로 선을 이어 어떤 모양을 그린다.)

T: 이제 여러분이 그린 모양을 옆 짝과 비교하면서 서로 확인해 보도록 합니다. (그리고 2~3명 정도의 학습지를 실물화상기에 올려놓고 다른 학생들과 비교한다.)

T: 그러면 이제는 2015년도의 인구분포를 예상하여 전체적으로 어떤 모양이 나오는지 생각해 보도록 합니다.

S: (학생들은 자신이 예상한 인구분포가 높은 지역을 중심으로 선을 이어 어떤 모양을 그린다.)

〈학생들에게 나누어 준 학습지〉

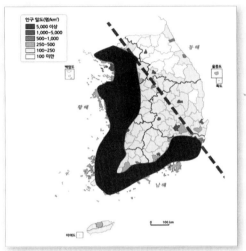

〈1966년도 우리나라 인구분포 모양〉

〈2015년도 우리나라 인구분포 모양: 예상〉

앞의 상단 그림은 학생들이 1966년도 우리나라 인구분포도를 보고 그린 전체적인 모양입니다. 그림을 보면, 서울과 인천을 중심으로 서해와 남해 바다에 인접한 지역의 인구분포가 다른 지역보다 높습니다. 그 까닭은 당시 우리나라의 주요 산업이 농업과 어업이었기 때문입니다. 그래서 전라도와 충청도, 경상남도 지역은 넓은 평야를 끼고 있을 뿐만 아니라, 바다가 인접해 있어 다른 지역보다 인구분포가 높았던 것입니다.

　그러나 2015년도 우리나라의 주요 산업은 농업 및 어업에서 생명공학, 우주항공, 신소재 산업, 로봇 산업 등의 첨단 산업과 문화 콘텐츠, 의료 서비스 산업, 관광 산업으로 전환되었습니다. 그러므로 교사는 2015년도의 인구분포 상황을 예상하는 데 도움이 될 만한 이와 같은 자료를 사전에 학생들에게 안내합니다. 그런 후에 1966년도와 마찬가지로 2015년도의 우리나라 인구분포를 예상하여 어떤 모양을 그리도록 안내합니다.

T: 이제, 방금 선생님이 안내한 2015년도 우리나라 산업 발전에 대한 내용을 참고하여 인구밀도가 (명/㎢) 250이 되는 지역을 예상하여 선을 잇고 그에 따른 어떤 모양을 만들어 보세요.

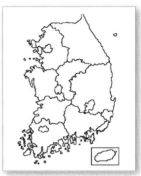

S: (학생들은 각자 자신이 생각한 모양을 그린다.)

T: 이제, 여러분이 그린 모양을 옆 짝과 비교하면서 서로 확인해 보도록 합니다. (그리고 2~3명 정도의 학습지를 실물 화상기에 올려놓고 다른 학생들과 비교한다. 대부분의 학생들은 각각 모양은 다르지만 1966년도와 마찬가지로 어떤 한 개의 모양만을 그렸다.)

T: 그러면 이제, 2015년도의 우리나라 인구 분포를 확인하도록 하겠습니다. 짜잔~

S: 어, 모양이 여러 개 있네. 이상하다. 왜 그렇지? (학생들은 웅성거리면서 의아해한다.)

〈2015년의 인구분포: 약 5,106만 명〉

교사는 놀라워하는 학생들의 반응을 지켜보면서, 그 이유가 무엇인지 학습지에 적게 합니다. 대부분의 학생들이 적은 이유를 보면, 1966년도와 같이 한 개의 모양이 나올 줄 알았다는 것입니다. 그런데 의외로 여러 개의 모양이 그려진 것을 보고 놀랐다는 것입니다. 그리고 1966년에 인구분포도가 높았던 대부분의 지역이 2015년도에는 확연히 낮아졌다는 사실에 놀랐다고 말합니다. 이러한 반응은 교사가 제시한 동기 유발 자료가 학생들이 기존에 갖고 있었던 지식과 정보, 생각을 뒤집어 버리는 계기가 되었기 때문입니다. 그리고 바로 그것이 그들의 인지구조에 불균형을 일으키는 촉매제가 되었기 때문입니다. 그 결과 학생들은 '왜 그렇게 되었지?'라는 의문점을 갖게 되고, 그것이 마침내 학습 동기 부여로 이어지게 됩니다.

그렇다면 학생들은 기존에 어떤 지식과 정보, 생각을 갖고 있었을까요? 추측건대, 대부분의 학생들은 생명 공학, 우주 항공, 신소재 산업, 로봇 산업이 발달하기 위해서는 반드시 공장이 필요하다고 판단한 것 같습니다. 그리고 공장 지대로 적합한 지역은 여전히 바다가 있어야 한다는 생각을 한 것입니다. 결과적으로 학생들은 공장 지대는 물이 필요하다는 사실을 기존의 지식과 정보로 알고 있었던 것입니다.

학생들이 놀라고 의아해한 이유는 또 있습니다. 교사가 사전에 2015년 인구분포를 예상하기 위해 사용한 도움 자료는 주로 산업과 관련된 내용이었습니다. 그래서 학생들은 이와 관련한 내용만을 염두에 두고 2015년 인구분포를 예상했던 것입니다. 즉, 학생들은 인구분포에 영향을 미치는 또 다른 중요한 요인들을 미처 생각하지 못했던 것입니다. 예컨대, 학생들은 인구분포에 큰 영향을 미치는 병원, 학교, 문화 시설, 교통 등 각종 부차적인 요인을 제대로 파악하지 못했습니다. 이러한 부차적인 요인들이 바로 인구분포와 관련한 이들의 기존 지식과 정보에 불균형을 발생시킨 중요한 요인으로 작용한 것입니다. 이러한 인지적 불균형은 학생들로 하여금 인구분포에 영향을 미치는 또 다른 요인이 무엇인지에 대한 질문을 가지고 수업에 임하게 되는 중요한 계기가 됩니다.

❷ 학습자가 갖고 있는 기존의 정보 및 생각과 어긋나는 사례를 제시하라

▱ 수업 사례

학습자의 인지구조를 무너뜨려서 인지적 불균형을 촉발하게 하는 두 번째 전략은 바로 학습자의 '기존의 지식과 정보, 생각과 어긋나게 하는 사례'를 제시하는 것입니다. 여기에서는 이와 관련한 내용으로 5학년 1학기 사회 교과에서 한 차시【1단원: 국토와 우리 생활과 관련한 내용(13/24)】를 선정하여 설명하도록 하겠습니다.

이 차시는 우리나라 강수량의 특징을 지역별, 계절별로 알아보는 내용입니다. 교사는 도입 단계의 동기 유발로 경상북도를 제외한 나머지 지역의 우리나라 연평균 강수량과 관련한 표를 제시합니다. 그리고 학생들은 다음과 같은 질문을 중심으로 활동하게 됩니다.

T: 다음은 우리나라의 연평균 강수량을
나타낸 지도입니다. 남한의 연평균
강수량을 참고하여 경상북도의 연평
균 강수량을 예상하여 색연필로 색
칠해 보세요.

S: (학생들은 남한의 다른 지역을 보고
자신이 생각한 연평균 강수량을 예
상하여 색칠한다.)

T: 이제 그 결과를 옆 짝과 비교하면서
서로 확인해 보도록 합니다. (그리고
2~3명 정도의 학습지를 실물화상기
에 올려놓고 다른 학생들과 비교한다.)

T: 그러면 이제 선생님이 실제 경상북
도의 연평균 강수량을 제시하겠습니
다. 여러분이 예상한 것과 비교해 보
세요.

S: (학생들은 자신이 예상한 것과 전혀
다른 결과가 나오자 놀라는 반응을
보인다.) "이상하다! 왜 경상북도만
연평균 강수량이 적지?"

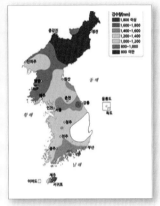

〈우리나라의 연평균 강수량을
나타낸 지도〉

실제 경상북도의 연평균 강수량은 1,000mm~1,200mm 정도로 북
한의 해주 지방과 비슷한 수준입니다. 그래서 남한의 다른 지역에 비
해 적은 편입니다. 따라서 학생들은 왜 경상북도의 강수량이 남한
의 다른 지역에 비해 적은지 궁금증을 가지게 됩니다. 이때 교사는
'왜 경상북도의 강수량이 적은지? 우리나라 강수량의 특징이 무엇인
지?'에 대해 질문을 던지면서 수업을 이끌어 갑니다.

이후 전개 부분의 수업 내용은 생략합니다. 그렇다면 경상북도의 강수량을 보고 학생들이 의아해한 이유는 무엇일까요? 그것은 대부분의 남한 지역 강수량은 최소한 1,200mm 이상인데, 왜 유독 경상북도만 1,000mm~1,200mm인지에 대한 부분일 것입니다. 즉, 경상북도의 강수량이 다른 지역에 비해서 적은 까닭이 무엇인가에 대한 것입니다.

그러나 학생들의 현재적인 이해의 수준에서는 그 까닭을 도출해 내기가 쉽지 않을 것입니다. 교사가 제시한 내용이 기존에 자신들이 갖고 있던 정보와 어긋나기 때문입니다. 이때 학생들은 인지적 불균형을 겪게 됩니다. 그리고 이러한 인지적 불균형은 그들 내면에서 우러나오는 내발적 질문을 가지고 수업에 임하게 되는 효과를 가져옵니다. 더 나아가, 이러한 내발적 질문은 수업의 도입 부분에서뿐만 아니라, 자신들이 가진 의문점이 명확하게 해결될 때까지 계속 유지될 것입니다. 따라서 학생들은 수업 내내 자신들의 인지적 불균형을 해소하기 위해 부단히 노력할 것입니다. 결과적으로 학생들의 이러한 반응은 자연스럽게 수업에 대한 집중도와 관심을 극대화하는 데 중요한 기제로 작용하게 됩니다.

무엇보다도 학생들의 내발적 질문은 그 질문을 해결하는 과정에서 그들의 적극적이고 능동적인 사고를 촉발시키는 데 도움이 됩니다. 이에 따라 학생들은 수업이 진행되는 동안 계속해서 "왜 그럴까?"라는 질문을 던지게 됩니다. 그리고 이러한 질문은 자연스럽게 확산적이고 생산적인 사고로 이어지면서 학생들의 수업참여도를 높이는 기제로 작동하는 것입니다.

❸ 알쏭달쏭하고 알듯 말듯한 사례를 제시하여 인지적 불균형을 일으키게 하라

수업 사례 1

앞에서 언급한 것처럼, 학생들이 인지적 불균형을 겪게 되는 사례는 다양합니다. 지금 소개할 내용도 그중의 하나입니다. 예컨대, 학생들은 알쏭달쏭하고 애매모호한 내용을 통해서도 심각한 인지적 불균형을 겪게 됩니다. 왜냐하면 어느 정도 알 것 같은데, 그렇다고 해서 자신 있게 말할 수 있는 정도가 아니라서 더 애가 타기 때문입니다. 이러한 상황을 다음과 같이 표현하면 어떻겠습니까? 잡힐 듯 잡히지 않는 그 무엇, 그러나 약간의 힌트와 단서만 주어진다면 금방이라도 잡을 수 있을 것 같은 상황이라고 말입니다.

사실 학생들은 의도성이 있든 없든 자신들의 애간장을 태우는 상황에 직면하게 되면 자연스럽게 학습 동기 및 흥미가 더 높아집니다. 이를테면, 교사가 애매모호한 내용으로 학생들을 헷갈리게 하면, 그들은 이리저리 방황하며 갈피를 잡지 못합니다. 이런 상황에 직면하게 되면, 그들은 모든 수단과 방법을 다 동원해서라도 그 문제를 해결하고자 합니다. 한마디로, 오기가 발동하게 됩니다.

여기에서는 이와 관련한 내용으로 5학년 1학기 과학 교과에서 한 차시【5단원: 다양한 생물과 우리 생활(2−3차시)】를 선정하여 설명하도록 하겠습니다. 이 차시에서 학생들은 동물도 아니고 식물도 아닌 다양한 생물에 대해서 배우게 됩니다. 그리고 이러한 생물들을 어떻게 부르는지, 그리고 이러한 생물들의 특징이 무엇인지 학습하게 됩니다.

본 차시에서는 학생들이 알듯 말듯하면서도, 알쏭달쏭한 생물로 표고버섯을 활용하고자 합니다. 왜냐하면 학생들은 표고버섯을 식물로 오해하는 경우가 있기 때문입니다. 대부분의 학생들은 곰팡이와 세균은 동물도 아니고 식물도 아니라는 사실을 어느 정도 인지하

〈교사가 제시한 자료 및 질문〉

T: 여러분이 보고 있는 그림은 표고버섯입니다. 이 표고버섯에 대해서 한 가지 질문을 던지겠습니다. 표고버섯은 식물일까요, 아닐까요? 짝 대화(옆 짝) 하면서 한번 생각해 보세요.

S: (학생들은 짝 대화를 하면서 서로의 의견을 열심히 주고받는다.)

T: 이제 여러분의 생각을 한번 확인해 보도록 하겠습니다. (그리고 2~3명 정도의 생각을 들어본다. 이때 서로 다른 생각을 가진 학생들을 발표시키고, 왜 그렇게 생각하는지에 대해서도 말하게 한다. 친구들이 각자의 의견을 말할 때, 자신의 생각과 다르면 손을 들고 반박할 수 있는 기회도 제공한다.)

T: 그러면 이제 선생님이 버섯이 식물인지 아닌지 말씀드리겠습니다. 아닙니다.

S: (버섯이 식물이라고 생각한 학생들은 모두 고개를 가우뚱 하면서 몹시 의아해한다.)

고 있습니다. 그러나 버섯은 식물로 오해하는 경우가 많습니다.

이후 전개 부분의 수업 내용은 생략합니다. 그렇다면 학생들이 표고버섯을 식물로 오해한 이유가 무엇일까요? 그리고 어떤 배경지식이 학생들로 하여금 표고버섯을 식물로 오해하게 했을까요? 사실 학생들은 이미 4학년 때 식물의 생활과 한살이에 대해 학습했습니다. 그래서 식물에 대해 어느 정도의 정보와 지식을 습득한 상태라고 볼수 있습니다. 그런데 중요한 것은 식물의 구조와 생김새는 6학년에 올라가서 배운다는 것입니다. 그래서 대부분의 학생들은 아직까지 식물의 구조에 대해서는 명확한 지식과 정보가 부족하다고 볼 수 있습니다.

이런 배경지식과 상황으로 인해 학생들은 표고버섯을 식물로 착각하거나 오해합니다. 물론 학생들도 표고버섯이 우리 주변에서 흔히 볼 수 있는 식물과 다르다는 것을 어느 정도 인지하고 있습니다. 그렇다고 하더라도 그들의 현재적인 지적 수준에서는 표고버섯을 명확하게 식물이 아니라고 단정 지을 수도 없습니다. 더군다나 대부분의 학생들은 이 세상에 존재하는 모든 생물을 단지 동물과 식물 두 종류로 인지하고 있습니다. 그래서 학생들은 버섯은 분명 동물이 아니라는 전제하에 당연히 식물로 인식하는 것입니다.

심지어 일부 학생들은 표고버섯을 채소로 오해하는 경우도 있습니다. 왜냐하면 마트나 시장에 가면, 표고버섯을 채소코너에서 볼수 있기 때문입니다. 그 외에도 학생들은 표고버섯이 가느다란 여러 갈래의 줄기처럼 보이는 부분도 있고, 잎처럼 보이는 부분도 있기 때문에 식물로 생각하는 경향이 있습니다. 결과적으로 학생들도 표고버섯을 식물로 단정하기에는 다소 모호한 부분이 있다고 인정합니다. 그러나 그들의 현재적인 지적 수준에서는 표고버섯을 식물로 규정하는 것이 가장 타당하고 합리적인 판단이라고 생각하는 것입니다.

이처럼 교사는 옳고 그름의 여부를 명확하게 판단하기가 곤란하거나 혹은 다소 알쏭달쏭한 사례를 제시하여 학생들의 인지적 불균형을 일으킬 수 있습니다. 이러한 인지적 불균형에 직면한 학생들은 제시된 문제를 해결하기 위해서 다양한 질문들을 쏟아냅니다. 그리고 그 질문들을 해결하고자 하는 주체자로서 수업에 적극적으로 임하게 됩니다.

수업 사례 2

'알쏭달쏭하고 알듯 말듯한 사례를 제시하여 인지적 불균형'을 일으키게 하는 수업 사례를 하나 더 소개하겠습니다. 이번에도 5학년 1학기 과학 교과에서 한 차시【5단원: 다양한 생물과 우리 생활(3-4차시)】를 선정하여 설명하도록 하겠습니다. 이 차시에서도 동물도 아니고 식물도 아닌 다양한 생물—짚신벌레와 해캄—에 대해서 학습하게 됩니다.

〈교사가 제시한 자료 및 질문〉

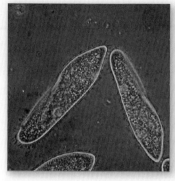

T: 왼쪽 그림은 짚신벌레이고 오른쪽 그림은 해캄이라고 합니다. 그렇다면 짚신벌레는 동물일까요, 아닐까요? 그리고 해캄은 식물일까요, 아닐까요? 짝 대화(옆 짝)를 하면서 한번 생각해 보세요.

S: (학생들은 짝 대화를 하면서 서로의 의견을 열심히 주고받는다.)

T: 이제 여러분의 생각을 한번 확인해 보도록 하겠습니다. (그리고 2~3명 정도의 생각을 들어본다. 이때 서로 다른 생각을 가진 학생들을 발표시키고, 왜 그렇게 생각하는지에 대해서도 말하게 한다. 친구들이 각자의 의견을 말할 때, 자신의 생각과 다르면 손을 들고 반박할 수 있는 기회도 제공한다.)

T: 이제 선생님이 짚신벌레가 동물인지 아닌지, 그리고 해캄이 식물인지 아닌지 말씀드리겠습니다. 아닙니다.

S: (방금 교사가 제시한 답과 다른 생각을 가진 학생들은 모두 의아해한다.)

이후 전개 부분의 수업 내용은 생략합니다. 그렇다면 학생들은 교사가 제시한 내용에 대해 왜 의아한 반응을 보였을까요? 짚신벌레를 동물이라고 생각한 학생들의 생각을 들어보면, 대부분 '벌레'라는 명칭 때문이라고 말합니다. 즉, 학생들은 우리 주변에서 흔히 볼 수 있는 대부분의 벌레가 '동물'이듯이, 짚신벌레도 '벌레'라는 명칭이 붙었으니까 당연히 동물로 생각한 것입니다. 그리고 짚신벌레는 크기는 작지만, 생김새는 우리 주변에서 볼 수 있는 작은 벌레와 흡사하기 때문에 짚신벌레를 동물로 생각한 것입니다.

그리고 학생들이 해캄을 식물이라고 생각한 이유는 잎이 초록색이기 때문이라고 답한 경우가 많습니다. 왜냐하면 대부분의 식물이 초록색을 띠고 있기 때문입니다. 물론 해캄이 초록색인 이유는 광합성 작용을 하기 때문입니다. 따라서 이미 광합성 작용에 대한 사전 지식이 있는 학생들은 해캄을 식물로 오해합니다. 즉, 학생들은 일단 해캄의 구조가 식물과 조금 다르다는 사실을 인정합니다. 그러나 광합성 작용은 식물만 한다는 고정관념에 사로잡혀 해캄을 식물로 오해하는 것입니다. 다시 말해, 학생들은 해캄을 식물이라고 판단하기에는 다소 아리송한 부분이 있다고 생각합니다. 그럼에도 불구하고 기존에 자신들의 정보와 지식으로서는 그 아리송한 부분을 제대로 해결할 수 없다는 것을 알게 됩니다.

바로 이런 사실이 그동안 동물과 식물의 개념에 대해 어느 정도 인지적 평형 상태를 유지하고 있던 학생들로 하여금 인지적 불균형 상태를 일으키는 역할을 합니다. 결과적으로 학생들은 기존 자신들의 지식과 정보에 어떤 오류가 있으며, 또한 제시된 문제에 대한 해답을 찾기 위해 여러 가지 질문을 던집니다. 그리고 그 질문의 답을 찾아가는 과정에서 좀 더 적극적이고 능동적인 수업의 주체자로 서게 됩니다.

❹ 학생들의 오개념을 적극 활용하여 기존의 경험, 지식, 정보를 무력 화시켜서 학습 동기를 불러일으켜라

삶의 경험이 미천하고 세상에 대한 지식이 부족한 학생들은 어떤 상황과 문제에 대해 수많은 오개념을 갖고 있습니다. 그러나 대부분의 학생들은 그것을 제대로 인식하지 못한 채 살아갑니다. 지금까지 그 오개념이 주는 불편함이나 어려움에 제대로 직면하지 않았기 때문이며, 그런 오개념을 발견하고 수정할 적절한 기회를 갖지 못했기 때문입니다.

그러나 대부분의 학생들은 자신의 경험이나 지식이 어느 순간 그릇된 것이라고 판명되면 심각한 인지적 불균형을 겪습니다. 한마디로 그동안 거의 불편함을 느끼지 못했던 그들의 인지 구조에 금이 가기 시작하는 것입니다. 이때가 바로 학습의 적기입니다. 기존의 자신의 지식과 경험에 무슨 문제가 있는지, 그리고 어디에서 어떻게 잘못되었는지를 확인하려는 의지가 작동하면서 학습 동기가 촉발되기 때문입니다.

특히 어떤 문제 상황에 대한 오개념은 단지 소수의 학생들에게만 해당되는 경우는 그리 많지 않습니다. 물론 학습 내용과 관련한 충분한 지식과 정보를 소유하지 못한 학생들일수록 오개념을 갖고 있을 확률이 더 높습니다. 그러나 대부분의 학생들은 비슷한 수준과 맥락에서 유사한 오개념을 갖고 있습니다. 이러한 사실이 바로 교사가 학생들의 오개념을 적극 활용하여 수업에 활용해야 하는 중요한 단초가 됩니다. 그러므로 교사는 많은 학생들이 공통적으로 갖고 있을 것이라고 추측되는 오개념을 잘 분석하여 수업에 활용해야 합니다.

━━━▶ **수업 사례 1** ▶━━━━━━━━━━━━━━━━━━━━━━━

학생들의 오개념을 적극 활용하여 이들의 학습 동기를 자극하는 수업 사례를 제시하겠습니다. 여기에서는 이와 관련한 내용으로 5학년 1학기 과학 교과에서 한 차시【2단원: 온도와 열(5차시)】를 선정하여 설명하도록 하겠습니다. 이 차시는 온도가 다른 두 물질이 접촉하면 두 물질의 온도가 어떻게 변하는지 알아보는 내용입니다.

이 차시에서는 다음과 같은 다양한 오개념이 있을 수 있습니다. 예컨대, '따뜻한 물과 차가운 물이 만나면 따뜻한 물의 열기가 차가운 물로 이동하고, 또한 동시에 차가운 물의 냉기가 따뜻한 물로 이동한다.' '바닥에서 냉기가 올라온다.' '철봉의 냉기가 손에 전해진다.' '한겨울에 한 학생이 교실 뒷문을 닫지 않은 채 들어오면 교실 밖의 냉기가 들어와서 춥다고 느낀다.' 등의 오개념이 있을 수 있습니다.

〈교사가 제시한 자료 및 질문〉

T: 여러분이 보고 있는 왼쪽 그림은 갓 삶은 달걀을 얼음물에 넣는 장면
이고, 오른쪽 그림은 갓 삶은 뜨거운 국수를 찬물에 넣는 장면입니다.
그렇다면 두 그림의 공통점은 무엇일까요?

S: (서로 눈치를 보면서 한 학생이 말한다.) 두 그림 모두 갓 삶은 뜨거운
달걀과 국수를 식히는 장면입니다.

T: 네, 맞습니다. 여러분도 잘 알다시피, 시간이 조금 지나면 달걀과 국수
모두 먹을 수 있을 정도로 식습니다. 여기서 한 가지 질문을 던지겠습
니다. 그렇다면 뜨거운 달걀과 국수가 왜 식었을까요? 그 원리를 짝 대
화를 통해서 알아보도록 합시다.

S: (짝 대화를 통해서 서로의 의견과 생각을 주고받는다.)

T: 그러면 짝 대화를 통해서 주고받은 의견이나 생각을 한번 확인해 보도
록 하겠습니다. (2~3명 정도의 의견을 들어본다.)

사실 온도가 다른 두 물질이 접촉했을 때의 온도 변화, 곧 열의 이동 방향은 온도가 높은 물질에서 온도가 낮은 물질로 이동합니다. 따라서 삶은 계란이 차가워지는 이유는 온도가 높은 삶은 계란에서 온도가 낮은 얼음물로 열이 이동하기 때문입니다. 그리고 삶은 국수와 찬물에서의 온도 변화도 마찬가지입니다. 그런데 학생들의 생각을 들어보면, 대체적으로 다음과 같은 두 가지 경우로 말하는 것을 보게 됩니다. 하나는 삶은 계란이나 국수의 뜨거운 열기가 얼음물이나 찬물로 이동하고, 동시에 얼음물이나 찬물의 냉기가 삶은 계란이나 국수로 옮겨갔다는 것입니다. 다른 하나는 얼음물이나 찬물의 냉기가 삶은 달걀이나 국수로 옮겨갔다는 것입니다.

따라서 학생들이 언급한 두 경우 모두 온도가 다른 두 물질의 열의 이동에 대한 오개념에서 비롯되었음을 알 수 있습니다. 전자는 온도가 다른 두 물질의 열의 이동 방향을 쌍방향으로 잘못 알고 있는 경우입니다. 그리고 후자는 온도가 다른 두 물질이 접촉했을 때 열의 이동 원리에 대해 아예 잘못 알고 있는 경우입니다. 그런데 학생들은 이런 생각이 오개념이라는 사실을 지금까지 인지하지 못했던 것입니다. 그래서 교사가 "그렇지 않다."라고 말하면, 그들은 의아해합니다. 그리고 무엇이 잘못되었는지 알고 싶어 합니다. 바로 그 때가 학습 동기가 촉발되는 중요한 순간이자 최상의 적기입니다. 지금까지 학생들은 기존의 자신들의 지식이나 정보의 오류 여부 혹은 정확성에 대해 점검받을 기회를 거의 갖지 못했습니다. 그러나 그것이 어느 시점에서 오개념으로 판명되어 부정되는 순간, 그들의 인지 구조에 심각한 균열이 발생하게 됩니다.

예컨대, 어떤 사람이 길을 가다가 미처 발견하지 못한 돌부리나 혹은 장애물에 걸려 넘어지려고 하는 순간을 한번 생각해 봅시다.

그는 넘어지지 않으려고 주변의 물체를 잡거나 혹은 팔다리를 이리 저리 움직일 것입니다. 그리고 재빨리 균형을 잡으려고 안간힘을 쓸 것입니다. 이와 마찬가지로 인지적 불균형에 직면한 학생들도 동일한 반응을 보일 것입니다. 학생들은 자신들의 인지 구조에 심각한 균열 및 불균형이 발견되면 어찌하든지 간에 다시 인지적 평형 상태를 회복하려고 노력할 것입니다. 이것이 바로 학습 동기 유발로 이어지는 첫 걸음입니다.

수업 사례 2

학생들의 오개념을 적극 활용하여 기존의 경험, 지식, 정보를 무력화시켜 학생들의 학습 동기를 불러일으키는 수업 사례를 하나 더 소개하겠습니다. 여기에서는 이와 관련한 내용으로 5학년 1학기 과학 교과에서 한 차시【3단원: 태양계와 별(3차시)】를 선정하여 설명하겠습니다. 이 차시는 태양계를 구성하는 천체를 알아보는 내용입니다.

이 차시에서 학생들이 가진 오개념은 생각보다 다양합니다. 그러나 본 차시에서 가장 중요하게 다루어지는 학습 내용은 바로 태양계의 구성 요소를 알아보는 것입니다. 따라서 학생들은 먼저 태양계에 속하려면 어떤 조건이 필요한지 알아야 합니다. 예컨대, 별은 태양계 구성원이 아닙니다. 그러므로 학생들은 별은 왜 태양계의 구성원이 아닌지, 그 이유가 무엇인지를 알아야 합니다. 결과적으로 교사는 학생들이 갖고 있을 법한 오개념을 잘 추측하여 그들의 지식 및 정보에 오류가 있다는 것을 잘 드러내주는 것이 중요합니다.

T: 여러분이 보고 있는 그림은 태양계에 속한 천체들입니다. 지구도 보이고, 고리가 달린 토성도 보이네요. 그렇다면 태양계에 속한 천체가 되려면 어떤 조건이 필요할까요? 짝 대화를 통해서 한번 생각해 볼까요?

S: (짝 대화를 통해서 서로의 의견을 주고받는다.)

T: 그러면, 짝 대화를 통해서 어떤 생각과 의견을 주고받았는지 한번 확인해 보겠습니다. (2~3명 정도의 학생들에게 물어본다.)

S: (한 학생이 말한다.) 교과서를 보면, 태양계란 태양과 태양의 영향을 받는 천체, 그리고 그 공간이라고 합니다. 그래서 제가 생각하기에는 태양빛이 비치는 공간까지를 태양계에 속한 천체라고 생각합니다. (대부분의 학생늘이 "나노"라는 반응을 한다.)

T: 그런데 여러분들의 생각이 틀렸는데 어떡하죠? (학생들은 매우 의아해한다.)

이렇게 대부분의 학생들은 태양계를 '태양 빛이 비치는 공간'으로 오해하는 경향이 있습니다. 그래서 교사가 "그렇지 않다."라고 말하면, 매우 의아해하고 당황합니다. 왜냐하면 지금까지 학생들은 그들의 상식 수준에서 당연히 그렇게 이해해 왔기 때문입니다. 심지어 교과서에 제시된 두 가지 내용도 학생들이 태양계에 대한 오개념을 갖게 하는 또 다른 요인으로 작용한 듯합니다.

하나는 태양계에 속한 천체들과 관련한 교과서 그림을 보면, 태양 빛이 태양 주변의 다른 행성을 비추는 모습을 볼 수 있습니다. 그래서 학생들은 태양계를 구성하는 천체들을 태양 빛과 관련하여 생각하는 경향이 있습니다.

다른 하나는 교과서에 제시된 태양계의 정의를 보면 '태양의 영향을 받는 천체 그리고 그 공간'이라고 말하고 있습니다. 그래서 학생들은 '그 공간'이라고 하는 용어를 단서로 태양계에 속한 천체를 태양 빛이 미치는 공간까지로 오해하는 경향이 있습니다. 그런데 여러분들도 잘 알다시피, 태양계란 태양을 중심으로 돌고 있는 천체들을 말합니다. 즉, 태양계의 구성원이 되려면 반드시 태양 주위를 돌아야 합니다. 이처럼 교사는 학생들의 기존 지식 및 정보와 관련한 오개념을 효과적으로 잘 드러냄으로써 학생들의 학습 동기를 고양시킬 수 있습니다.

예상하지 못한 사례를 제시하라

학교에서 배우는 모든 학습 내용이 학생들의 호기심과 관심을 불러일으킬 수는 없습니다. 그것은 현실적으로 거의 불가능합니다. 여기에는 여러 가지 이유가 있을 것입니다. 가장 중요한 이유 중 하나는 학생들은 학교에서 배우는 학습 내용이 그들의 삶에서 얼마나 중요한지를 제대로 깨닫지 못하기 때문입니다. 그리고 그것이 배울 만한 가치가 있는지에 대한 인식 부족도 중요한 이유 중의 하나입니다. 예컨대, 아무리 몸에 좋은 음식과 보약이라고 하더라도, 그것의 가치를 제대로 모르는 사람은 적극적으로 그것을 먹으려 하지 않습니다. 이러한 상황을 고려할 때, 학생들이 수동적이나마 잘 따라와 주고 반응해 주는 것만으로도 매우 고마울 따름입니다.

주지컨대, 교과서에 제시된 학습 내용도 음식에 대한 학생들의 선호도와 별반 다르지 않을 듯합니다. 즉, 대부분의 학습 내용은 학생들이 좋아할 만한 것이라기보다는, 오히려 그들의 관심 밖의 내용들입니다. 또한 학교에서 배우는 학습 내용은 학생들이 정말 배우고 싶어서 선택되었거나 혹은 신징된 깃이 아닙니다. 그것은 학생들이 이 세상을 살아가면서 꼭 알아야 것들 중에 극소수에 불과합니다. 따라서 대부분의 학습 내용은 그것의 중요성과 가치를 잘 알고 있는 기성세대가 선택하여 제시한 것입니다.

그러나 학생들의 경험 세계와 관점은 기성세대의 그것과 괴리가 있을 수 있습니다. 무엇보다도 학생들의 생김새가 제각기 다르듯, 타고난 그들의 재능과 관심, 흥미도 태생적으로 각기 다를 수밖에 없습니다. 이미 이 세상을 살았던 사람들, 그리고 지금 살고 있고 싶지어 앞으로 살게 될 사람들 중에 그들의 관심과 흥미가 완전히 일치하는 경우는 사실상 불가능하다고 볼 수 있습니다. 그래서 대부분의 학생들이 관심과 흥미를 보이는 학습 내용이라고 하더라도, 적어도 한두 명은 그렇지 않을 수 있습니다. 반대로 대부분의 학생들이 전혀 관심과 흥미를 보이지 않는다고 하더라도, 한두 명은 정반대의 반응을 보일 수도 있습니다. 바로 이런 이유들이 학생들에게 모든 학습 내용이 "아, 놀랍다, 왜 그렇지?"라는 의구심과 질문을 불러일으키지 못하는 한계로 작용합니다.

한 걸음 더 나아가 학교에서 배우는 모든 학습 내용이 학생들에게 '왜 그렇지?'라는 질문을 불러일으킬 수 없는 이유는 그들이 갖고 있는 현재적인 지적 수준과 능력이 다르기 때문입니다. 그래서 거의 모든 학생들이 타인의 도움이나 조력 없이 스스로 수행할 수 있는 과제도 있습니다. 또한 현재적인 수준에서는 도저히 스스로 수행할 수 없지만, 다른 사람들의 도움이나 조력을 받으면 얼마든지 수행할 수 있는 것도 있습니다. 그런데 문제는 학생들마다 이 지점이 제각기 다르다는 것입니다. 특별히 다인수 학급인 경우에는 더 넓고 복잡한 스펙트럼이 펼쳐지기 때문에 더 많은 고민과 전략이 필요합니다.

그러나 교사는 이런 현실적인 한계와 복잡한 상황에도 불구하고, 그것을 한탄하며 마냥 뒷짐만 진 채 있을 수는 없습니다. 왜냐하면 교사는 그들을 학습이라고 하는 배움의 장으로 안내하여 배우고 깨닫게 할 책무가 있기 때문입니다. 그렇다면 어떻게 해야 할까요?

잘 알다시피, 학생들은 현재 자신들의 이해 수준에서 어느 정도 예상과 추측이 가능한 내용에 대해서는 별다른 관심과 흥미를 보이지 않습니다. 그리고 그런 상황에서는 적극적인 사고와 동기 유발도 제대로 일어나지 않습니다. 그래서 교사는 학생들의 사고를 촉발하고 그들을 생동감 넘치는 배움의 장으로 안내하기 위해 그들이 전혀 예상하지 못한 정보나 사례를 제시해야 합니다. 즉 '왜 그렇지?'라는 질문을 자연스럽게 발동시킬 수 있는 뜻밖의 사건이나 사례를 제시해야 합니다. 그리하여 학생들을 충격의 도가니 속에 빠뜨려야 합니다. 물론 이러한 전략이 모든 학생들에게 효과적일 수는 없습니다. 그러나 이러한 전략과 방법은 교사가 수업이라고 하는 제한된 시간과 범위 안에서 할 수 있는 최선의 방법 중 하나임에는 틀림없습니다.

수업 사례

학습자가 전혀 예상하지 못한 사례를 제시하여 그들의 사고를 촉발시키는 수업 사례를 소개하겠습니다. 여기에서는 이와 관련한 내용으로 5학년 1학기 과학에서 한 차시【5단원: 다양한 생물과 우리 생활(6차시)】를 선정하여 설명하겠습니다. 이 차시에서 학생들은 세균의 특징에 대해서 배우게 됩니다. 물론 이미 그들은 균류, 원생생물에 대해서 배웠습니다. 그런데 세균은 균류 및 원생생물에 비해 학생들이 일상 생활 속에서 많이 들어본 명칭이라서 어느 정도 익숙한 용어입니다. 그럼에도 불구하고 학생들은 세균의 특징이나 모습 등에 대해서는 자세히 알지 못합니다. 단지 세균이 우리 몸에 해로운 영향을 미친다는 정도로 알고 있을 뿐입니다. 물론 평상시에 과학에 관심이 있고 세균과 관련한 책을 많이 접해 본 학생들은 나름 세균에 대해 어느 정도 알고 있을 것입니다.

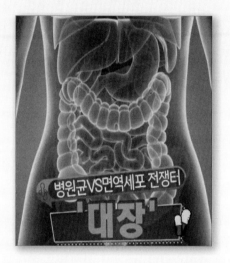

〈교사가 제시한 자료 및 질문〉

T: 여러분이 보고 있는 그림은 우리 몸속의 장기 중 하나인 '대장'입니다. 이 대장은 우리 몸에서 가장 많은 세균이 살고 있는 장기입니다. 정말 엄청난 수의 세균이 살고 있죠. 대장 속에는 몇 마리 정도의 세균이 살고 있을까요? 짝 대화(옆 짝) 하면서 한번 생각해 보세요.

S: (학생들은 짝 대화를 하면서 서로의 의견을 열심히 주고받는다.)

T: 이제 여러분의 생각을 한번 확인해 보도록 하겠습니다. (그리고 2~3명 정도의 생각을 들어본다. 이때 'up-down 게임'으로 대장에 살고 있는 세균의 수를 알아맞히는 활동을 해도 좋다. 대부분의 학생들이 억 단위 정도까지만 말한다.)

T: 그러면 이제 선생님이 대장에 살고 있는 세균의 수를 말씀드리겠습니다. 무려 100조 마리입니다.

S: (거의 모든 학생들이 입을 떡 벌리면서 상상이 안 된다는 표정을 짓는다.) (거의 까무라칩니다)

학생들은 대장에 살고 있는 세균 숫자가 그렇게 많다는 사실에 놀라움을 금치 못합니다. 교사가 애초에 엄청난 수라고 안내했지만, 그들은 조 단위까지는 전혀 생각하지 못했을 것입니다. 그것도 100조 마리라니 전혀 상상이 안 되는 수준입니다. 그래서 학생들은 자연스럽게 세균의 크기가 매우 작다고 생각하게 됩니다. 대장 속에 100조 마리 정도의 세균이 살고 있다니 도대체 그 크기가 얼마나 작겠습니까?

학생들이 도저히 예상하지도 못한, 그야말로 송곳처럼 그들의 의표를 찌르는 이러한 정보는 그들에게 다음과 같은 질문을 불러일으킵니다. 즉, '세균은 어떤 특징을 갖고 있기에 대장 속에 이렇게 많이 살고 있을까?'라는 질문입니다. 그리고 학생들은 앞 차시에서 균류 및 원생생물에 대해 학습하면서 그것들의 생김새와 크기, 번식 방법 등에 대해 이미 배웠습니다. 따라서 학생들은 앞에서 배웠던 그런 내용들을 자연스럽게 떠올리면서 '세균의 크기는 매우 작구나!' 라는 인식을 하게 됩니다. 이뿐만 아니라 학생들은 '세균 모양은 어떨까?' 라는 생각까지 확장합니다.

이처럼 학생들은 자신들이 전혀 예상하지 못한─대장에 살고 있는 세균의 수가 정말 상상할 수 없을 정도로 엄청나다는─정보에 압도당해 세균에 대한 질문을 쏟아냅니다. 세균의 생김새, 세균이 주로 사는 장소, 세균이 우리 몸에 어떤 영향을 미치는지 대한 질문들을 자연스럽게 쏟아내면서 진지하게 수업에 임합니다.

중요한 요건이나 정보가 빠진 사례를 제시하라

학생들의 학습 동기를 유발하여 사고를 촉발시키는 전략에는 여러 가지가 있을 수 있습니다. 지금 설명하고자 하는 방법도 그중에 하나입니다. 그것은 바로 교사가 학생들에게 의도적으로 학습할 내용 중에서 중요한 요건이나 요소가 빠진 정보를 제공하는 것입니다. 이로써 학생들은 분명히 무엇인가를 덧붙이거나 추가해야만 할 것 같은데, 그것이 무엇인지 금방 떠오르지 않아 고민합니다. 즉, 교사가 의도적으로 중요한 요건이나 요소가 빠진 정보를 제공하면 학생들은 어느 지점에서 어딘가 모르게 불편함을 느낍니다.

비유컨대, 이 상황은 수많은 부품들로 구성된 큰 기계로 설명할 수 있습니다. 그 기계가 제대로 작동하기 위해서는 모든 부품들이 제 자리에서 제 기능을 해야 합니다. 그런데 그 부품들 중에서 보이지 않는 작은 나사 하나가 빠졌다고 생각해 봅시다. 아무리 작은 나사라고 하더라도 그것이 제자리에서 제 기능을 하지 않으면 그 기계는 절대로 제대로 기능하지 않을 것입니다. 작동은 하지만, 여기저기에서 삐걱거리는 소리와 함께 온갖 불협화음이 연출될 것입니다. 학습도 마찬가지입니다. 교사가 의도적으로 중요한 요건이나 요소가 빠진 정보를 제공하면 학생들은 왠지 모를 불편함과 어색함을 느끼게 됩니다. 동시에 답답함도 토로합니다. 그 답답함은 다양한 질문을 창발하는 동인이 되고, 적극적인 사고로 이어지는 도화선이 됩니다. 학생들은 '어디에 어떤 문제가 있을까? 무엇을 보충하거나 채워야 제대로 된 문장이 될까? 분명히 뭔가 빠진 것 같은데 그것이 무엇일까?'와 같은 다양한 질문들을 던지면서 수업에 임하게 됩니다.

물론 이 전략을 구상할 때 유의할 점도 있습니다. 물고기를 잘 잡기 위해서는 물고기가 있을 만한 장소를 잘 물색해야 합니다. 그리고 자신이 잡고자 하는 물고기가 어떤 미끼를 좋아하는지 사전에 잘 파악해서 준비해야 합니다. 아무리 먹음직스럽게 보이는 미끼라고 하더라도, 자신이 잡고자 하는 물고기가 그것을 싫어한다면 그것은 결코 좋은 미끼라고 할 수 없습니다.

마찬가지로 교사가 중요한 요건이나 요소가 빠진 정보를 제공하고자 할 때, 어느 지점에서 어떤 요소와 조건을 빼야 할지 많은 고민과 숙고 과정을 거쳐야 합니다. 즉, 강태공이 물고기가 좋아하는 미끼를 던져서 그것을 물게 했듯이, 교사도 학생들이 좋아할 만한 미끼를 제시하여 그것을 물게 해야 합니다. 이 전략은 학생들에게 먼저 무엇이 문제인지를 말하거나 제시하지 않고, 문제를 내포한 상황과 사태를 제시하여 학생들의 학습 동기를 유발하는 것입니다.

수업 사례 1

이와 관련한 수업 사례를 4학년 1학기 국어 교과에서 한 차시【2단원: 내용을 간추려요(3-4차시)】를 선정하여 설명하도록 하겠습니다. 이 차시에서 학생들은 주어진 글을 읽고 내용을 간추리는 방법에 대해 배웁니다. 내용을 제대로 간추리기 위해서는 먼저 중심문장을 찾아야 합니다. 그리고 그 중심문장을 토대로 여러 가지 이어주는 말을 사용하여 내용을 간추려야 합니다. 그러므로 교사는 학생들에게 의도적으로 중심문장과 이어주는 말이 결여된 글을 제시합니다. 그래서 학생들이 전체적인 글의 흐름이 자연스럽지 못하다는 것을 알고 불편함을 느끼게 해야 합니다.

휴대폰에 대한 글

- 우리가 찾는 필요한 정보를 신속하게 검색할 수 있게 해 준다.
- 우리가 좋아하는 노래나 취미생활에 대한 정보도 자유롭게 얻을 수 있다.
- 너무 오래 사용하면 우리가 해야 할 일을 제대로 할 수 없게 된다.
- 전자파로 인해 건강을 해칠 수 있고, 시력도 나빠질 수 있다.

〈학생들에게 나누어 준 예시글〉

T: 여러분에게 나누어 준 글을 차례대로 한번 읽어 보세요.

S: (학생들은 글을 읽으면서, 뭔가 이상하다는 듯이 고개를 갸우뚱 거린다.)

T: 그래요, 어딘가 이상하지요? 우리가 이 글을 바르게 고쳐서 완성해야 합니다. 여러분, 이 글이 좀 더 올바른 글이 되려면 어디를 어떻게 고쳐야 하는지 —를 긋고 수정해 보세요. 그리고 추가해야 할 것이 있으면 덧붙여도 됩니다. 짝과 함께 힘을 합쳐서 해 보도록 합니다.

S: (학생들은 짝과 함께 나름대로 열심히 고치고 수정한다.)

T: (학생들이 어떻게 수정했는지 2~3명 정도 발표시킨다.)

위의 내용을 보면, 제시된 4개의 문장은 모두 휴대폰의 장점 및 단점에 대한 내용들입니다. 그런데 이 글은 4개의 문장을 대표할 만한 중심문장이 빠져 있습니다. 그러므로 이 글이 좀 더 완전하고 올바른 글이 되려면 4개의 문장을 대표할 만한 중심문장이 먼저 나와야 합니다. 예컨대, '휴대폰은 우리들에게 많은 유익한 도움을 주기도 하지만, 해로운 점도 있습니다.'와 같은 중심문장이 필요합니다.

그리고 첫 번째 문장과 두 번째 문장은 서로 같은 맥락의 내용입니다. 그래서 두 문장 사이에 '그리고'라는 접속사를 삽입해야 문장이 훨씬 더 자연스럽습니다. 그런데 세 번째와 네 번째 문장은 앞의 두 문장과 전혀 다른 내용입니다. 즉, 첫 번째 문장과 두 번째 문장은 휴대폰의 장점 혹은 유익에 대한 내용이지만, 반대로 세 번째 문장과 네 번째 문장은 휴대폰의 단점 혹은 해로운 점에 대한 내용입니다. 따라서 두 번째 문장과 세 번째 문장 사이에는 '그러나'라는 접속사를 넣어야 합니다. 그리고 세 번째 문장과 네 번째 문장은 서로 유사한 내용이기 때문에, 그 사이에 '그리고'라는 접속사를 넣어야 합니다.

이처럼, 교사는 학생들에게 의도적으로 중요한 요건이나 요소가 빠진 정보를 제공함으로써 그들의 문제의식을 촉발시킬 수 있습니다. 이러한 전략은 먼저 학생들에게 학습할 내용을 자연스럽게 인지시키는 역할을 합니다. 더 나아가 무엇이 더 필요하고 덧붙여져야 하는지와 관련한 사고를 유발할 수 있습니다.

수업 사례 2

이와 관련한 추가적인 수업 사례를 6학년 2학기 과학 교과에서 한 차시【3단원: 연소와 소화 (3-4차시)】를 선정하여 설명하도록 하겠습니다. 이 차시에서 학생들은 물질이 타려면—연소가 일어나려면—무엇이 필요한지에 대해 학습합니다. 여러분도 잘 알다시피, 물질이 타려면 탈 물질, 산소, 발화점 이상의 온도가 필요합니다. 이 세 가지 중에 한 가지라도 결핍되면 연소가 일어나지 않습니다.

대부분의 학생들은 연소 조건으로 탈 물질과 온도 등 두 가지 요소에 대해서는 어느 정도의 사전 지식이 있습니다. 그러나 산소가 중요한 연소 조건이라는 사실은 잘 모릅니다. 왜냐하면 학생들은 산소가 없는 조건에서 불을 붙이는 경우를 거의 본 적이 없기 때문입니다. 예컨대, 점화기를 사용하여 어떤 물질에 불을 붙이는 경우를 생각해 봅시다. 먼저 탈 물질이 필요합니다. 그리고 점화기에서 나온 불꽃이 발화점 이상의 온도가 되면 탈 물질이 타게 됩니다. 학생들이 주변에서 흔히 볼 수 있는 연소 장면은 대부분 이런 경우입니다. 따라서 이런 연소 장면만을 목격한 학생들에게 연소 조건을 말해 보라고 하면, 대부분 눈에 보이는 가시적인 조건만을 언급합니다. 즉, 대부분의 학생들은 중요한 연소 조건으로 공기(산소)가 필요하다는 사실을 제대로 간파하지 못합니다. 그것은 눈에 보이지 않는 조건에 해당하기 때문입니다.

울진 산불에 대한 글

T: (울진 지역의 산불 장면을 보여 주면서) 여러분이 보고 있는 장면은 예전에 울진 지역에서 발생했던 산불 장면입니다. 확실치는 않지만, 누군가가 버린 담배꽁초 때문에 산불이 발생했다고 하는데, 참으로 안타까운 일입니다. 그러면 여러분에게 질문을 던지겠습니다. 몽룡이와 방자가 나누는 대화를 보면서 이상한 점이 있다면 그것이 무엇인지 한번 생각해 보시기 바랍니다.

• 몽룡이와 방자의 담임 선생님께서는 역대급 울진 산불을 언급하시면서, 그 피해가 너무 크다고 말씀하셨습니다. 조금만 조심하면 산불로 인한 피해를 많이 줄일 수 있다고 말씀하시면서… 그래서 반 친구들에게 산불은 어떤 조건에서 발생하는지에 대해 알아 오라는 과제를 내주셨습니다. 그리고 알아 오는 학생들이 한 명이라도 있으면 체육 시간에 재미있는 게임을 한다고 말씀하셨습니다. 이에 한층 고무된 몽룡이와 방자는 집으로 돌아가는 길에 산불과 관련한 대화를 나누었습니다.

몽룡: 우리 아버지 고향이 울진인데, 울진에서 산불이 났다니까 너무 가슴이 아프고 슬퍼. 그런데 어떤 조건이 만족되어야 산불이 날까? 방자 너는 아니?

방자: 산에는 나무나 낙엽 등 탈 수 있는 물질이 많이 있으니까, 아무래도 탈 수 있는 물질이 있어야 되겠지? 그리고….

몽룡: 그리고 선생님께서 담배꽁초 때문에 산불이 났다니까 온도(열)가 필요할 것 같아.

방자: 맞아, 몽룡이 너 천재다. 우리 내일 선생님께 빨리 가서 말씀드리자. 네 덕분에 체육 시간에 축구할 수 있겠다. 야호!

그다음 날 몽룡이와 방자는 학교에 일찍 등교하여 선생님께 자신들이 과제를 해결했다고 자랑스럽게 말씀드렸습니다. 그런데 선생님은 빙그레 웃으시면서 고개를 절레절레 흔들었습니다. 그리고 한 가지 조건이 더 필요하다고 말씀하셨습니다. 자신들의 생각에 큰 확신을 갖고 있었던 몽룡이와 방자는 크게 실망했지만, 다른 조건에 대해서는 전혀 생각이 나지 않았습니다.

마침내 과학 수업이 시작되자, 선생님은 다른 학생들에게 어제 내 준 과제를 해결했는지 물었습니다. 그런데 대부분의 학생들이 몽룡이와 방자와 같은 생각을 말했습니다. 선생님의 짐작이 맞아떨어진 것입니다. 추가적인 연소 조건이 필요하다는 선생님의 말씀에 학생들은 '그것이 무엇일까?'라는 내발적인 문제의식을 가지게 됩니다. 이처럼 교사는 의도적으로 어떤 중요한 조건이나 요소가 빠진 정보를 제공함으로써 학생들의 학습 동기를 유발할 수 있습니다.

도전적인 학습 과제를 제시하라

❶ 주어진 과제를 해결한 모든 학생에게 보상함으로써 학생들의 사고와 동기를 유발하라

학생들에게 도전적인 학습 과제를 제공하여 그들의 사고와 동기를 유발하는 첫 번째 전략은 바로 주어진 과제를 해결한 모든 학생들을 보상하는 것입니다. 즉, 주어진 시간 안에 제시된 과제를 해결한 모든 학생들에게 일정한 보상을 주는 것입니다. 그러나 이 전략에서 중요하게 다루어야 할 요소는 바로 주어진 과제가 거의 모든 학생들이 해낼 수 있는 적절한 수준의 과제여야 한다는 것입니다. 그러므로 이 전략은 계열성과 단계별 학습을 강조하는 교과보다는 그렇지 않은 교과가 훨씬 더 효과적입니다. 예컨대, 수학과 영어의 경우, 교과 내용의 계열성 및 단계별 학습이 강조되기 때문에 사전에 충분한 내용 파악을 해서 적용해야 합니다.

수업 사례

여기에서는 5학년 1학기 과학 교과에서 한 차시【5단원: 다양한 생물과 우리 생활과 관련한 내용(7/11)】를 선정하여 설명하도록 하겠습니다. 이 차시에서 학생들은 지금까지 학습한 균류, 원생생물, 세균과 같은 다양한 생물이 우리 생활에 어떤 영향을 주는지 조사하게 됩니다. 이 과정에서 교사는 다음과 같은 도움을 학생들에게 줄 수 있습니다. 교사가 학생들이 조사 활동을 원활하게 할 수 있도록 중요한 검색어를 제시하면 더 효과적입니다. 이렇게 안내하면, 학업 수준이 낮은 학생들도 자연스럽게 동기 부여가 되어, 자신들도 충분히 할 수 있다는 자신감을 가지고 과제 해결에 성실히 임합니다.

〈교사가 제시한 자료 및 질문〉

T: 지금까지 여러분들은 다양한 생물 (균류, 원생생물, 세균)에 대해 배웠습니다. 오늘은 이러한 다양한 생물들이 우리 생활에 주는 이로운 점과 해로운 점에 대해 태블릿 pc나 휴대폰을 활용하여 조사하는 활동을 하겠습니다. 여러분에게 나누어 준 학습지를 한번 읽어 보세요.

S: (학생들은 휴대폰이나 태블릿 pc로 뭔가를 한다는 그 자체만으로도 굉장한 호기심과 즐거움을 느낀다.)

T: 그러면, 어떤 검색어를 쳐야 이 과제를 제대로 해결할 수 있을까요?

S: (대부분의 학생들이 다양한 생물의 이로운 점과 해로운 점이라고 말한다.)

T: 조사 활동을 마무리한 친구들은 선생님한테 와서 확인을 받고, 여러분 각자가 하고 싶은 활동을 하도록 합니다.

다양한 생물의 이로운 점과
해로운 점

이로운 영향	해로운 영향

사실 대부분의 학생들이 태블릿 pc나 휴대폰을 잘 다루기 때문에 기기작동과 관련한 별도의 안내를 할 필요는 없습니다. 그러나 조사 활동을 할 때 교사가 학생들에게 반드시 강조해야 할 것이 있습니다. 그것은 글씨를 바르게 써야 하고 이로운 점과 해로운 점을 몇 가지 이상 조사해야 한다는 기준을 제시해야 한다는 것입니다. 왜냐하면 대부분의 학생들이 과제를 서둘러 끝내고 자신들이 원하는 활동을 빨리하기 위해 글씨를 엉망으로 쓰는 경우가 종종 있기 때문입니다. 그래서 사전에 교사는 글씨가 바르지 않으면 다시 쓰게 한다고 안내하면 좋습니다. 그리고 교사는 세균의 이로운 점과 해로운 점을 반드시 몇 가지 이상 조사해야 한다는 기준을 명확하게 제시해야 합니다. 그렇게 하지 않으면, 학생들이 이에 대해 반복하여 질의할 뿐만 아니라, 교사가 원하는 소기의 조사 활동이 제대로 이루어지지 않기 때문입니다.

교사가 이렇게 안내하면, 학생들은 과제를 마무리하고 남는 시간에 자신들이 하고 싶은 활동을 하기 위해 딴짓을 하거나 놀지 않고 열심히 참여합니다. 이미 충분한 동기 부여가 되었다는 방증입니다. 이때 교사가 학생들에게 조사 활동을 통해 무엇을 배우고 느꼈는지 적게 하면 더 효과적입니다.

대부분의 학생들은 세균이나 균류의 경우, 해로운 점만 있는 줄 알았는데 이로운 점도 있다는 사실에 매우 신기한 반응을 보입니다. 이때 교사는 수업을 마무리하는 과정에서 다음 차시 내용을 오늘 학습한 내용과 연관시키면 좋습니다. 오늘 학습한 내용을 다음 차시와 연계하면, 그것이 자연스럽게 다음 차시 동기 유발로 이어지기 때문입니다. 다음 학습 내용은 '다양한 생물(균류, 원생생물, 세균)이 구체적으로 어떻게 우리 생활에 활용되는가?'입니다. 이미 학생들은 세균이나 균류가 우리 생활에 이로운 점도 있다는 사실을 확인하고 어느 정도 신기한 반응을 보였습니다. 그러나 아직까지 그것이 구체적으로 어떻게 활용되는지에 대해서는 잘 모릅니다. 따라서 교사가 세균이 우리 생활에 적용되는 놀랄 만한 예를 한 가지 정도 들어주면, 학생들은 훨씬 더 적극적으로 다음 차시 수업에 임합니다.

❷ 도전적 과제를 제시하여 학습 동기를 유발하라

학생들이 왜 학습 내용에 대해 별다른 관심과 흥미를 갖지 못할까요? 여러 가지 이유가 있겠지만, 우선 학습 내용이 그들의 구미와 관심을 끌 정도로 매력적이지 못하기 때문입니다. 또한 학습 내용이 학생들에게 너무 쉽거나 어렵기 때문입니다. 이런 경우에 그들은 배우고자 하는 열의와 열정, 곧 학습에 대한 동기를 제대로 갖지 못할 가능성이 농후합니다.

그렇다면 학생들의 구미를 당길 만한 매력적인 학습 내용은 어떤 것일까요? 전술한 바와 같이, 학생들의 수준에서 너무 어렵지도 않고 너무 쉽지도 않은 과제입니다. 너무 어려운 과제가 주어지면, 그들은 지레짐작 할 수 없다고 단정 짓고 처음부터 시도해 보려고 하지 않습니다. 반대로 너무 쉬운 과제가 주어지면, 이미 다 알고 있는 내용이라고 치부하면서 별다른 관심과 흥미를 갖지 않습니다.

따라서 그들의 구미를 당기는 매력적인 과제는 학생들의 현재적인 수준에서 조금만 노력하면 충분히 할 수 있을 것 같은 도전적인 과제입니다. 특히 이 도전적인 과제는 그들의 현재적인 수준에서 지적인 장애물로 작용하는 특별한 장치가 있을 때 더욱 빛을 발합니다. 이를테면 학생들은 알듯말듯 한데 어딘가에 함정이 있어서 금방 풀 수 없는 과제에 더 큰 매력을 느낍니다.

좀 더 나아가, 교사는 학습 내용을 심화하거나 혹은 정확한 이해와 개념 정리가 필요한 경우에도 이런 도전적인 과제를 제시할 수 있습니다. 예컨대, 좀 더 명확한 개념 정리를 통해 그것을 충분히 내면화시킬 필요가 있는 내용도 학생들에게 좋은 도전적인 과제가 됩니다. 그리고 이미 학습한 내용을 다른 각도와 시각에서 바라보게 하는 내용도 학생들에게 좋은 도전적인 과제가 될 수 있습니다.

수업 사례

이와 관련한 수업 사례를 6학년 2학기 수학【1단원: 분수의 나눗셈(3차시)】와 관련한 내용을 중심으로 설명하겠습니다. 이 차시에서 학생들은 분모가 같은 (분수)÷(분수)의 계산 원리를 이해하는 학습을 하게 됩니다. 예컨대, 학생들은 $\frac{5}{7} \div \frac{2}{7}$의 값이 $2\frac{1}{2}$이라는 사실을 확인하고, 그 계산 원리를 배우게 됩니다. 다음의 내용은 교사가 이와 관련한 학습 내용을 다 배우고 난 후에, 다음과 같은 도전적인 과제를 던지는 장면입니다.

T : 여러분들은 $\frac{5}{7} \div \frac{2}{7}$ 의 값이 $2\frac{1}{2}$ 이라는 사실을 확인했습니다. 그런데 선생님이 이 문제를 우리반 ○○에게 막대를 그려서 풀어오라고 했더니, 이렇게 그려왔습니다. 물론 그 값은 우리가 확인한 값과 전혀 다른 값이었습니다. 그런데 ○○는 그 값이 왜 틀렸는지 잘 이해하지 못하고 있습니다. 그래서 선생님이 ○○가 풀어온 내용을 한참 동안 살펴보면서 어디에서 무엇이 잘못되었는지 확인했습니다. 선생님은 여러분이 ○○가 풀어온 내용이 어디에서 어떻게 잘못되었는지 찾아서 ○○를 도와줄 수 있으면 좋겠습니다. 다음은 ○○가 풀어온 내용입니다.

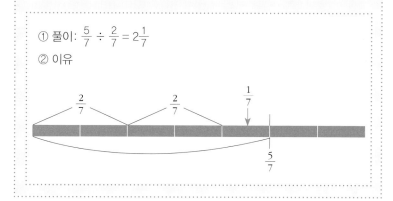

① 풀이: $\frac{5}{7} \div \frac{2}{7} = 2\frac{1}{7}$

② 이유

○○가 풀어온 과정은 학생들에게 분명 도전적인 과제가 되기에 충분합니다. 왜냐하면 그들이 보기에는 ○○가 풀어온 과정이 너무 그럴듯해 보이기 때문입니다. 그럼에도 불구하고 어디에서 어떻게 틀렸는지 파악하기가 쉽지 않기 때문입니다.

학생들은 $\frac{5}{7} \div \frac{2}{7}$ 의 답은 분명히 $2\frac{1}{2}$ 이기 때문에, ○○가 풀어온 과정에서 몫은 2로써 동일한데, 나머지가 $\frac{1}{2}$ 이 아니라 $\frac{1}{7}$ 이라는 사실에 궁금증을 갖습니다. 분명히 $\frac{5}{7}$ 는 $\frac{2}{7}$ 의 2배가 넘기 때문에 자연수의 몫은 2가 틀림없습니다. 그런데 왜 ○○는 나머지를 $\frac{1}{2}$ 이 아니라 $\frac{1}{7}$ 이라고 생각했을까요? 대부분의 학생들은 이 문제를 해결하기 위해 한참 동안 끙끙거리면서 고심합니다. 그리고 잠시 후에 여기저기에서 "아 맞다!"라는 소리가 들리기 시작합니다. 무엇이 틀렸는지, 그 이유를 알아낸 학생들의 기쁨의 환성 소리입니다.

○○가 $\frac{5}{7} \div \frac{2}{7}$의 답을 $2\frac{1}{7}$라고 한 이유는, $\frac{5}{7}$는 $\frac{2}{7}$의 2배이고, 나머지가 $\frac{1}{7}$ 남았기 때문입니다. 그런데 나머지 $\frac{1}{7}$은 전체가 $\frac{7}{7}$일 때는 맞지만, 이 문제에서는 $\frac{2}{7}$가 1배(1갑절) 이므로 $\frac{1}{7}$은 $\frac{1}{2}$이 되는 것입니다. 그래서 $\frac{5}{7} \div \frac{2}{7}$의 정답은 $2\frac{1}{2}$이 되어야 한다는 것입니다.

이처럼 효과적인 도전적 과제는 언뜻 보면, 매우 그럴듯해 보이고 틀린 곳이 없어 보입니다. 그래서 어디에서 어떻게 틀렸는지 그 오류를 찾기가 쉽지 않습니다. 그러나 어느 정도 시간을 두고 주의 깊게 들여다보면, 그 오류를 찾아낼 수 있습니다. 이러한 도전적 과제는 학생들의 학습 동기를 자극하고 그들의 지적 구미를 당길 수 있다는 측면에서 매우 매력적으로 보입니다. 또한 학생들은 이런 도전적인 과제를 통해 그 오류를 알고 찾아냈을 때 큰 성취감을 느낍니다. 그래서 도전적 과제는 학생들에게 숨겨진 오류와 문제를 해결하고자 하는 열의와 열정, 곧 학습에 대한 동기를 불러일으킬 수 있는 좋은 자료가 됩니다.

학생들의 삶과 경험을 적극 활용하라

학교 교육과 관련하여 학생들의 경험을 대단히 중시한 대표적인 교육 철학자가 바로 듀이(Dewey)입니다. 듀이는 교육을 '학습자의 경험의 재구성'이라 했을 정도로 학생들의 경험을 대단히 강조했습니다. 여러분은 듀이가 왜 학생들의 경험을 그렇게 중요시했는지 제가 군이 장황하게 부연 설명하지 않아도 잘 아실 것입니다. 그는 학생들의 삶과 경험이 분리된 수업은 학습에 대한 그들의 관심과 흥미를 잃게 한다고 생각했습니다. 또한 그런 수업은 교육의 궁극적인 목적 및 방향과도 괴리가 있으며, 학생들의 진정한 변화를 통한 경험의 재구성에도 도움이 되지 않는다고 생각했습니다.

그렇다고 수업이 단순히 학생들의 즉각적인 관심과 흥미 위주로 흘러가면 안 됩니다. 즉, 교육과정 및 그것에 입각한 성취기준과 관련 없이 단지 학생들이 원하는 대로 수업하는 것은 바람직하지 않습니다. 왜냐하면 듀이가 추구한 교육은 학생들의 즉각적인 관심과 흥미 위주가 아니라, 어떤 방식으로든 학습 내용을 그들의 삶 및 경험과 연결하고자 했기 때문입니다. 그런 수업은 학생들의 관심과 흥미를 유발시키는 중요한 동기 유발로 이어집니다.

이런 듀이의 생각은 수업뿐만 아니라, 학습 동기 유발 전략과 관련해서도 많은 시사점을 제공합니다. 사실 학습 내용이 학생들의 관심과 흥미를 제대로 끌지 못하는 이유는 단순히 학습 내용의 중요성 및 가치 차원의 문제가 아닙니다. 학습 내용이 중요하지 않다거나 혹은 가치가 없어서가 아닙니다. 그것보다는 오히려 학생들이 그것을 현재적인 자신의 삶에서 얼마나 중요하고 가치 있는 것으로 받아들이는지 여부에 달려있다고 보아야 합니다.

주지컨대, 일반적으로 학습이 이루어지기 위해서는 다음과 같은 두 가지 요소가 반드시 필요합니다. 우선 객관적으로 존재하는 학습 내용이 있어야 합니다. 그리고 객관적으로 존재하는 그 학습 내용을 학생들이 주관적으로 인지하고 수용하는 과정이 반드시 필요합니다. 이때 객관적으로 존재하는 그 학습 내용이 아무리 중요하고 가치 있는 것으로 판명되었다 하더라도, 그 이유 자체만으로 학생들이 자동적으로 그것을 수용하지 않습니다. 즉, 학생들의 입장에서 그것의 가치와 중요성, 의미를 제대로 인식하지 못하면 그 학습 내용은 학생들의 삶에 전혀 영향을 주지 못합니다.

따라서 교사는 객관적으로 존재하는 학습 내용을 학생들의 경험 및 삶과 효과적으로 연계해서 중요한 접촉점을 찾아 전달하는 것이 매우 중요합니다. 이를테면 제대로 된 학습이 이루어지려면 교육자의 학습 내용으로 존재하는 것을 학습자의 학습 내용─곧 학생들에게 유의미한 학습 내용─으로 전환해야 합니다. 그렇게 하기 위해서는 반드시 그것을 학생들의 삶 및 경험과 연결하는 작업이 선행되어야 합니다. 그럴 때 그 학습 내용이 학생들의 삶에 유의미할 뿐만 아니라, 그들의 관심과 흥미를 불러일으킬 수 있기 때문입니다. 이때 교육과정 및 학습 내용을 재구성하는 교사의 리터러시 내지는 역량이 요구됩니다.

수업 사례

이와 관련한 수업 사례를 5학년 1학기 과학【2단원: 온도와 열(8차시)】와 관련한 내용을 중심으로 소개하겠습니다. 이 차시에서 학생들은 액체에서 열이 어떻게 이동하는지 학습하게 됩니다. 액체에서의 열의 이동은 고체(전도)와 다릅니다. 즉, 액체에서는 온도가 높아진 물이 직접 위로 올라가고 위에 있던 물은 아래로 밀려 내려오면서 열이 이동합니다(대류). 또 액체에서의 열의 이동은 고체나 기체에 비해 우리 생활 주변에서 훨씬 더 많이 접할 수 있습니다. 달리 말하면, 이 부분은 그만큼 학생들의 경험과 관련시킬 수 있는 부분이 많고, 그 사례도 훨씬 더 많다고 볼 수 있습니다.

〈교사가 제시한 자료 및 질문〉

T: 여러분이 보고 있는 왼쪽 그림은 무슨 그림인가요?

S: (학생들은 자신 있게 대답한다.) 끓는 물에 라면을 넣고 있는 장면입니다.

T: 그러면 오른쪽 그림은 무슨 그림인가요?

S: (더 큰 소리로 대답한다.) 끓는 물에 넣은 라면이 다 된 장면입니다.

T: 라면을 끓여본 친구들은 알겠지만, 분명히 냄비에 찬물을 담아 가스레인지에 올려놓았습니다. 그런데 얼마 후에 물이 끓는 모습을 볼 수 있습니다. 냄비 속의 물에 무슨 일이 일어난 것일까요?

S: (몇 명의 학생들이 말한다.) 냄비 속에 있는 물이 가스레인지 불의 열을 받고 물이 끓었습니다.

T: 그렇다면, 냄비 속에 있는 물이 제일 먼저 데워지는 곳은 어디일까요?

S: (한 명이 큰 소리로 말하자, 다른 학생들도 말한다.) 맨 아래쪽 아닐까요? 맞아요, 맞아요.

교사와 학생들의 대화에서 알 수 있듯이, 라면 끓이는 장면은 학생들에게 굉장히 익숙할 뿐만 아니라, 라면은 대부분의 학생이 좋아하는 음식이기도 합니다. 그리고 가정에서 부모님이 라면을 끓이는 모습을 많이 접하기도 했고, 어떤 학생들은 직접 끓여본 경험도 있을 것입니다.

심지어 라면에 대해 계속 대화를 하다 보면, 학생들은 어떻게 하면 라면을 맛있게 끓일 수 있는지에 대한 나름의 레시피까지 제시하기도 합니다. 이 정도의 대화가 오가는 것을 감안할 때, 액체(물)에서의 열이 이동을 학습함에 있어서 라면과 관련한 내용은 그들의 관심과 흥미를 유발하는 데에 충분한 매개체가 되었다고 볼 수 있습니다.

이처럼 교육자의 교과로 존재하는 학습 내용을 학생들의 경험 및 삶과 연결하여 학습자의 교과(학습 내용)로 전환시키는 작업은 학습 동기 유발에도 매우 효과적입니다. 왜냐하면 학생들은 그 학습 내용이 자신의 삶과 분리된 것이 아니라, 깊은 연관성이 있다는 것을 깨닫기 때문입니다. 그러한 과정 속에서 학습은 시작되며, 이런 식의 학습과 수업은 학생들에게 삶의 의미를 확장시켜 줍니다. 그리고 경험의 재구성을 통한 자기 성장과 발전으로 나아가게 하는 기회로 작용합니다.

효과적인 질문을 던져라

흔히 학습 동기 유발은 수업의 도입 단계에서만 필요한 것으로 생각합니다. 그러나 수업의 도입 단계에서 아무리 효과적인 학습 동기 유발이 일어났더라도, 그것이 수업 내내 지속되지 않으면 좋은 수업으로 연결되지 못합니다. 따라서 교사는 학생들의 학습 동기 유발과 관련한 효과적인 방법 및 전략은 물론이고 그것을 계속 유지하는 방법에 대해서도 심혈을 기울여야 합니다. 그러한 전략 중에 하나가 바로 수업이 진행되는 동안 계속해서 효과적인 질문을 던지는 것입니다.

주지컨대, 수업에서 질문은 전체적인 수업의 분위기 및 수업에 대한 학생들의 관심과 흥미를 좌지우지할 정도로 중요합니다. 따라서 일방적인 주입식 수업이 아닌 이상, 질문이 없는 수업은 거의 생각할 수 없습니다. 그러나 이와 관련하여 절대 간과할 수 없는 사실이 있습니다. 그것은 좋은 수업이란 질문의 양이 아니라, 질문의 질이 더 중요하다는 것입니다. 또한 학생들의 학습 동기를 유발하고 그것을 지속·유지하는 방법도 결국은 질문을 통해서 이루어진다는 것입니다. 그래서 교사는 수업의 도입 단계에서부터 마지막 순간까지 학습 동기 유발 전략 및 그것을 지속하기 위한 효과적인 질문에 대해 많이 고민해야 합니다. 수업 중에 얼마나 많은 효과적인 질문이 시기적절하게 제시되는가의 여부는 수업의 전체적인 양상을 좌우하는 중요한 열쇠가 되기 때문입니다. 그리고 이러한 효과적인 질문은 학생 상호 간, 학생과 교사 간의 활발한 상호작용을 가능하게 하고, 생동감 넘치는 수업을 연출합니다.

그렇다면 교사는 이러한 효과적인 질문을 어떻게 만들어 낼 수 있을까요? 물론 이를 위해서는 충분한 교재 연구는 필수입니다. 사실 단답식 질문 혹은 정오를 판단하는 질문은 별다른 교재 연구를 하지 않아도 쉽게 제시할 수 있습니다. 그러나 학생들의 사고를 촉발시키고 학습 동기를 계속 유지시키기 위한 효과적인 질문은 사전에 충분한 교재 연구나 전략 탐색이 없으면 불가능합니다. 그것은 아무리 탁월한 수업 역량을 소유한 교사라 해도 마찬가지입니다. 그래서 수업에 임하는 교사는 항상 본 차시 학습 내용을 효과적으로 학습함에 있어—곧 이런 학습을 가능하게 하는 요인이나 혹은 방해하는 요소 등—직간접적으로 영향을 미치는 중요한 요소들을 사전에 철저하게 분석해야 합니다. 여기에서 더 나아가 학생들이 가질 수 있는 오개념이 무엇인지 사전에 철저하게 분석하여 이러한 모든 상황들을 적절한 질문으로 연결하여 제시해야 합니다.

수업 사례

이와 관련한 수업 사례를 5학년 1학기 과학 교과에서 한 차시【4단원: 용해와 용액(3차시)】를 선정하여 소개하겠습니다. 이 차시에서 학생들은 물에 용해된 설탕이 어떻게 되었는지 학습하게 됩니다. 따라서 학생들은 설탕이 눈에 보이지는 않지만, 없어진 것이 아니라 매우 작게 변하여 물속에 골고루 섞여 있다는 것을 이해해야 합니다. 그리고 이러한 결과를 확인하기 위해 각설탕이 물에 용해되기 전과 용해된 후의 무게를 비교하게 됩니다.

〈교사가 제시한 자료 및 질문〉

T : 물에 용해된 각설탕은 비록 눈에 보이지 않지만, 없어진 것이 아니라 매우 작게 변하여 물에 용해되어 있습니다. 그것을 알아보기 위해서 물에 용해되기 전과 후의 각설탕의 무게를 측정하려고 합니다. 그런데 용해되기 전·후의 무게를 비교하면 용해 후의 무게가 줄어든 것을 알수 있습니다. 여기서 한 가지 질문을 던지겠습니다. 용해되기 전·후의 각설탕의 무게를 같게 하려면 어떻게 해야 할까요? (여기서 교사는 유리 막대로 각설탕을 용해시킨다는 말은 하지 않는다.) 짝 대화를 통해서 알아볼까요?

S : (학생들은 자신의 생각을 주고받는다. 그런데 학생들이 이야기하는 장면을 들어보면, 생각보다 그 이유를 제대로 파악하고 있는 학생들이 그리 많지 않다. 대개 1~2명 정도이다.)

T : (주어진 시간이 다 지난 후에) 그러면 어떤 이야기들을 주고받았는지 확인해 보겠습니다.

앞의 그림을 보면, 각설탕이 용해되기 전·후의 무게를 잴 때, 각설탕을 녹이기 위해 사용했던 유리 막대의 무게는 제외된 것을 알 수 있습니다. 그런데 용해된 후의 무게가 줄어드는 이유는 각설탕을 용해할 때 사용한 유리 막대에 각설탕 및 물 알갱이 일부가 묻어 있기 때문입니다. 그러므로 각설탕이 용해되기 전·후의 무게를 같게 하려면 용해되기 전·후 유리 막대의 무게를 함께 전자저울에 올려놓고 측정해야 합니다.

그런데 이 실험에서 대부분의 학생은 별다른 문제 제기 없이 교과서 그림대로 각설탕이 용해되기 전·후의 무게를 측정합니다. 그리고 실험 결과, 대부분의 모둠에서 용해된 후의 각설탕의 무게가 조금 줄어들었다는 반응을 보입니다. 그래서 교사용 지도서에는 0.1g 단위의 저울을 이용하는 경우, 자연수까지만 측정하도록 안내하고 있습니다. 그러나 학생들은 0.1g 혹은 그 이상의 무게 차이가 나는데, 왜 용해되기 전·후의 무게가 같다고 해야 하는지 의아해할 수 있습니다. 그리고 실제 수업을 해 보면, 그런 질문을 제기하는 학생들이 더러 있습니다.

이러한 상황을 감안하여 교사는 처음에는 교과서에 나와 있는 그림대로 실험을 하도록 안내합니다. 그리고 실험을 하고 난 후에, 교사는 각설탕이 용해되기 전·후의 무게 차이가 왜 발생하는지 질문을 던지고, 그 이유를 학생들 스스로 찾게 합니다. 이때 이 질문은 학생들의 사고를 자극하고, 지속적인 동기 유발로 이어지게 하는 통로가 됩니다. 만약 학생들이 그 이유를 찾았다면, 이제는 각설탕이 용해되기 전·후 무게를 잴 때 유리 막대를 전자저울에 함께 올려놓고 측정하게 합니다. 그렇게 하면 이전과는 달리 무게가 거의 동일하다는 것을 확인할 수 있습니다. 실험 결과를 확인한 학생들은 여기저기에서 "와!" 하는 함성을 지르면서 좋아합니다.

이처럼 교사의 효과적인 질문은 수업 내내 학생들의 학습 동기를 계속 유지시키는 중요한 역할을 합니다. 물론 교과의 성격 및 학습 내용에 따라 그 질문의 유형과 형태는 다를 수 있습니다. 그러나 교사는 사전에 충분한 교재 연구와 교수 · 학습 전략을 통해서 이와 관련한 질문을 미리 계획해야 합니다. 예컨대, 앞에서 전술한 수업에서 교사는 각설탕이 용해되기 전 · 후의 무게를 같게 하기 위한 질문을 던질 수 있습니다. 그뿐만 아니라, 각설탕이 용해되기 전과 용해된 후의 무게가 같은 까닭을 추리해 보는 질문을 추가적으로 던질 수 있습니다. 물론 이 질문을 해결하기 위해서는 각설탕과 물 알갱이에 대한 추가적인 언급이 반드시 필요합니다.

기존의 상식적인 지식에 혼선을 주라

　학생들은 학교에 입문하기 전 가정 및 유치원, 지역사회 등에서 이런저런 지식을 배우고 나름의 경험을 합니다. 그런데 그러한 지식과 삶의 경험은 학문적인 체계성과 논리성, 그리고 진리로서의 진실성이 결여된 경우가 많습니다. 그래서 그들의 지식수준과 상태는 일반적인 상식 수준에 머물러 있습니다. 그러나 분명한 사실은 비록 그것이 상식적 수준의 지식과 경험이라고 하더라도, 지금까지 학생들은 그것을 통해서 세상을 보고 구성하며 이해해 왔습니다. 또한 그것은 생동감과 질문이 넘치는 교실 상황을 연출하는 데에 중요한 매개체 역할을 합니다. 따라서 학교 교육은 바로 그러한 개인적이고 주관적인 지식과 경험을 좀 더 객관적이고 고상한 학문적 수준에서 다루어 주어야 합니다. 그리고 그것을 진리로서의 가치로 승화할 수 있도록 도와야 합니다. 요컨대, 학교와 교사는 학생들이 소유한 상식적 수준의 지식과 경험을 학문적인 수준 및 나름의 체계성을 갖춘 품위 상승으로 나아가도록 해야 합니다. 그러므로 교사는 항상 학생들의 지식 및 경험을 어떻게 하면 학습 내용과 삶 연결시킬 수 있는지 고민해야 합니다.

　사실 인간은 태생적으로 지적 호기심에 대한 본성을—개인적 성향과 수준, 취향에 따라 정도의 차이는 있겠지만—갖고 태어납니다. 그런데 그것은 한 개인의 삶뿐만 아니라, 인류 전체의 삶을 개선하고 발전시키는 데에 중대한 촉매제 역할을 해왔습니다. 즉, 지적 호기심에 대한 인간의 본성은 인류 문화 및 학문적인 발전, 그리고 과학의 획기적인 진보 및 발달을 이룩하는 데 큰 원동력이 되었습니다. 이러한 맥락에서 교사는 학생들의 지적 호기심을 발동시키고 자극하기 위한 전략을 끊임없이 도모해야 합니다. 그중에 하나가 바로 그들의 상식적 수준의 지식과 경험에 혼선을 주는 것입니다. 그리하여 주관적이고 개인적인 수준의 관점과 생각을 변화시켜 좀 더 객관적인 방식으로 세상을 바라볼 수 있도록 도와야 합니다.

수업 사례

이와 관련한 수업 사례를 4학년 2학기 수학 교과에서 한 차시【4단원: 사각형(5차시)】를 선정하여 소개하겠습니다. 본 차시에서 학생들은 사각형 중에서 사다리꼴을 배우게 됩니다. 추측건대, 대부분의 학생은 사다리꼴을 문자 그대로 사다리 모양으로 생긴 도형으로만 알고 있습니다. 그래서 직사각형이나 정사각형을 비롯한 마름모, 평행사변형은 사다리꼴이 아니라고 생각합니다. 교사는 바로 학생들의 이러한 상식 수준의 지식을 잘 이용하여 동기 유발을 할 수 있습니다. 즉, 그것에 혼선을 주어 그들의 지적 호기심을 자극할 수 있습니다. 이를테면 학생들에게 다양한 사각형─정사각형, 직사각형, 마름모, 평행사변형, 사다리꼴 등─을 제시하여 사다리꼴을 찾아보게 합니다. 그러면 대부분의 학생은 사다리 모양만 사다리꼴로 선택합니다. 이때 교사가 제시한 모든 사각형이 사다리꼴이라고 말하면, 많은 학생이 다소 당황스러운 기색을 드러냅니다. 교사는 이러한 반응을 고스란히 담아 본격적인 수업 속으로 들어갑니다. 즉 "사다리꼴이 무엇이기에, 제시된 모든 사각형이 사다리꼴인지 알아보자."고 하면서 본격적인 수업 장면으로 들어갑니다.

T: 여러분, 사다리꼴은 어떻게 생겼을 것 같습니까? 물론 사다리 모양으로 생겼겠지요? 그러면 선생님이 제시하는 여섯 가지 도형에서 사다리꼴을 한번 찾아볼까요?

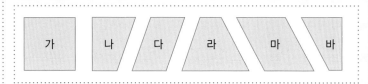

05 질문이 넘치는 수업, 효과적인 동기 유발 전략은 뭘까요?S

구미를 당기는 다음 차시 예고를 하라

대부분의 교사는 한 차시 수업을 마친 후에 다음 차시 예고를 합니다. 그런데 본 차시 내용에 몰입하다 보면, 때로는 다음 차시 예고가―교사의 관심과 역량에 따라서 약간의 차이는 있겠지만―의례적이거나 혹은 형식적인 안내로 흘러갈 가능성이 많습니다.

그러나 교사가 다음 차시 예고를 얼마나 의미 있게 안내하느냐에 따라, 향후 학습 내용에 대한 학생들의 관심과 흥미, 동기 유발 정도가 확연히 달라질 수 있습니다. 예컨대, 사극이나 연속극의 경우, 다음에 방영될 예고편을 맛보기 식으로 살짝 보여 주는 경우가 있습니다. 그 맛보기 내용이 시청자들에게 다음 방송을 기대하게 하는 중요한 촉매제 역할을 하기 때문입니다.

수업도 마찬가지입니다. 비유컨대, 한 단원을 방영될 대하드라마 전체로 생각한다면, 각 차시는 연속적으로 방영될 한 회당 드라마 내용에 해당합니다. 그런데 재미있는 인기 드라마의 경우 대부분 다음에 방영될 예고편을 압축해서 미리 보여 주는 경우가 많습니다. 방송국에서는 그 예고편을 아무 의미 없이 보여 주는 것이 아닙니다. 예고편은 금일 방영된 내용에 이어 다음 회에서 어떤 내용이 전개될지 궁금해하는 시청자들의 관심을 고조시키는 역할을 합니다. 한마디로, 그 예고편이 다음 내용을 손꼽아 기다리는 시청자들에게 애간장을 타게 하는 역할을 한다는 것입니다. 그래서 예고편은 시청자들에게 다음 회에 방영될 드라마를 꼭 시청해야겠다는 생각이 강하게 들도록 일종의 마법을 거는 것과 다름없습니다.

그렇다면 수업도 그럴 수 있을까요? 저는 어느 정도 가능하다고 생각합니다. 그 가능성 및 효과성 여부는 우선 오늘 학습한 내용이 학생들의 관심과 흥미를 얼마나 불러일으켰는지에 따라 크게 좌우됩니다. 본 차시 학습 내용이 그들에게 상당히 매력적이고 재미있었다면, 그리고 자신들에게 뭔가 나름의 의미가 있었다면, 그들은 다음 차시 수업도 상당한 기대를 갖고 임할 것입니다. 따라서 교사는 어떻게 하면 다음 차시 내용을 좀 더 효과적으로 안내할 것인지에 대해—물론 실제 수업에서도 적절한 동기 유발 전략이 활용될 것이지만—특별한 관심과 주의를 기울여야 합니다. 다음 차시에 대한 효과적인 안내는 학생들에게 설렘과 궁금증을 가지고 다음 수업을 기다리게 하는 효과를 자아낼 수 있습니다.

수업 사례

이와 관련한 수업 사례를 5학년 1학기 과학 교과에서 한 차시【4단원: 용해와 용액(3-4차시)】를 선정하여 소개하겠습니다. 이번 차시에서 학생들은 '온도와 양이 같은 물에 세 가지 용질을 넣었을 때 용해되는 양을 비교하고, 그 특징을 설명하는 것'에 대해 학습합니다. 세 가지 용질은 소금, 설탕, 베이킹소다입니다.

이전 차시에서 학생들은 물에 용해된 각설탕이 어떻게 되었는지를 학습했습니다. 실험을 통해서 학생들은 각설탕이 물에 용해되기 전과 후의 무게가 같다는 것을 확인했습니다. 그리고 물에 용해된 각설탕은 비록 눈에 보이지는 않지만, 없어진 것이 아니라 눈에 보이지 않을 만큼의 작은 알갱이로 여전히 물에 용해되어 있다는 것을 알게 되었습니다. 이 수업을 마칠 즈음에, 교사는 다음 차시(4차시)에 학습할 내용에 대해 안내합니다. 이때, 교사는 단지 말로만 다음 차시 내용을 언급할 것이 아니라, 다음 차시에 어떤 실험을 하는지 안내하면 더욱 효과적입니다. 그리고 다음 차시 학습 내용 및 실험에 대해 간략하게 소개해 주면 다음 차시에 대한 학생들의 반응이 전혀 다르다는 것을 감지하게 될 것입니다.

T: 오늘 여러분은 각설탕이 물에 용해되기 전과 후의 무게가 같다는 것을 확인했습니다. 다음 차시에서는 세 가지 용질(소금, 설탕, 베이킹소다)을 온도와 양이 같은 물에 용해시켜 보는 실험을 합니다. 그래서 이 세 가지 용질의 녹는 양이 같은지 다른지에 대해 학습하게 됩니다. 만약, 다르다면 어떤 용질이 더 많이 녹고 더 적게 녹는지를 실험을 통해서 알아볼 것입니다. 이 시간에는 여러분에게 미리 다음 차시에 대한 내용을 간략하게 맛보기로 보여드리겠습니다.

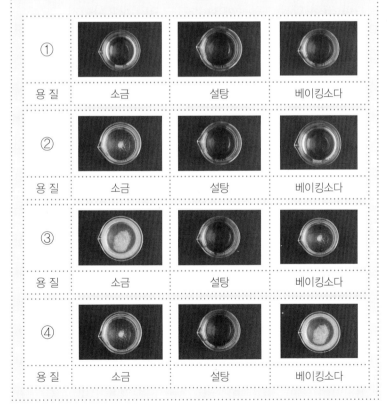

①			
용 질	소금	설탕	베이킹소다
②			
용 질	소금	설탕	베이킹소다
③			
용 질	소금	설탕	베이킹소다
④			
용 질	소금	설탕	베이킹소다

교사는 세 가지 용질을 온도와 양이 같은 물에 넣어 용해시킨 다양한 사례의 그림 자료를 제시합니다. 이를 통해 교사는 학생들에게 세 가지 물질을 용해시키면 어떤 결과가 나올지 예상하고 추측해 볼 수 있도록 합니다. 이때 교사용 지도서에는 세 가지 경우, 곧 한 숟가락씩 넣었을 때, 두 숟가락씩 넣었을 때, 그리고 여덟 숟가락을 넣었을 때의 사례만 제시되어 있습니다. 그러나 다음 차시 예고는 교사용 지도서에 제시된 경우보다 더 다양하게 구성하여 제시하는 것이 학생들의 사고를 촉발하는 데 훨씬 더 효과적입니다.

　예컨대, 앞의 그림과 같이 세 가지 용질을 온도와 양이 같은 물에 여덟 숟가락씩을 넣었다고 했을 때, 어떤 결과가 나올지 예상하게 합니다. 물론 앞의 그림 중에 한 가지 그림만 옳고 나머지 그림은 틀린 그림입니다. 주지컨대, 이렇게 한 이유는 학생들에게 다양한 경우의 수를 예상할 수 있도록 하기 위함입니다. 학생들은 나름의 고정된 관념이나 생각, 정보, 지식 등이 있습니다. 학생들은 그러한 요소들을 활용하여 교사가 제시한 그림 자료를 보고 어느 것이 옳은지 예상하게 됩니다. 이때 교사는 의도적으로 학생들이 예상하는 데에 약간의 혼선을 주기 위해 더 다양한 경우의 수를 제시하면 좋습니다. 그렇게 하면 학생들은 실험 결과가 어떻게 나올지 더 많은 궁금증과 호기심을 가지고 다음 수업에 임하기 때문입니다.

Part. 3

힘차게 달려온
소망의 몸짓, 그리고
그 몸짓 위에 내린
희망의 닻

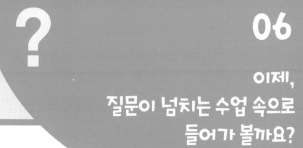

06

이제,
질문이 넘치는 수업 속으로
들어가 볼까요?

어떤 일을 오랫동안 지속하다 보면 타성에 젖을 수 있습니다. 그 상태가 지속되면 살아 있음에도 불구하고 생동감과 활력을 전혀 찾을 수 없는 무미건조한 상태에 이르게 됩니다.

그러나 타성이 주는 가장 무서운 적은 이러한 나태함과 무기력 정도가 아닙니다. 더 강력한 적이 도사리고 있습니다.

타성은 아무리 새로운 변화나 전략, 방법이 제시된다고 하더라도 그 모든 것들을 교만이라는 큰 용광로에 집어넣어 버립니다.

그래서 그 어떤 아이디어나 전략을 적용해 볼 수 있는 기회마저 흔적도 없이 사라지게 합니다.

타성은 그런 것입니다. 그 어떤 시도와 도전을 해 보지도 않고 '그게 그거'라는 무례와 거드름의 씨앗을 그 내면에 배태하게 합니다.

질문이 넘치는 수업은 그런 타성에 젖어 있던 나에게 '단지 한번 시도해 보자'가 아니라, 더 좋은 수업을 위한 새로운 통로와 출구를 찾고자 한 간절한 소망의 돛이었습니다. 그 소망은 이제 그 누구도, 그 어떤 것도 절대 빼앗을 수 없는 희망의 닻을 내리게 했습니다.

질문이 넘치는 수업의 흐름은 일반적인 수업의 형태와 유사합니다. 그러나 차이점이 있다면 다음과 같은 두 가지로 요약할 수 있습니다. 하나는 질문이 넘치는 수업은 학생들이 만든 질문을 적극 활용하여 수업을 진행하기 때문에 반드시 질문 만드는 시간을 확보해야 합니다. 또 다른 하나는 학습 내용을 활동명(활동 1, 활동 2, 활동 3 등)으로 제시하는 것이 아니라, 질문 형식으로 제시한다는 것입니다. 질문이 넘치는 수업의 교수·학습 모형을 간단한 그림으로 표현하면 다음과 같습니다.

동기 유발

질문이 넘치는 수업에서의 동기 유발은 단순히 학생들의 흥미나 관심을 불러일으키거나 앞으로 전개될 학습 내용을 소개하는 정도에 그치면 안 됩니다. 질문이 넘치는 수업에서의 동기 유발은 학생들의 호기심을 적극적으로 이끌어 낼 뿐만 아니라, 그것이 수업과 관련된 유의미한 질문으로 연계되도록 해야 합니다. 그렇다면 질문이 넘치는 수업이 지향하는 효과적인 동기 유발은 어떤 것일까요?

우선적으로 학습 내용 및 학생들의 경험과 깊은 관련이 있는 동기 유발이어야 합니다. 더 나아가, 기존에 학생들이 갖고 있는 경험과 지식의 불균형을 초래할 만한 자료와 내용이어야 합니다. 이를 비유적으로 표현하면 다음과 같습니다.

강아지에게 먹다 남은 뼈 덩어리를 던져준 적이 있는 분은 다 아실 것입니다. 여기저기 먹음 직한 살 조각이나 살덩이가 붙어 있는 뼈 덩어리를 주면, 강아지는 거의 무아지경 상태에서 그것을 요리조리 돌려가면서 한 점도 남김없이 맛있게 먹습니다. 그러나 살점이 거의 없는 뼈 덩어리를 주면, 처음에는 달려와서 먹을 것이 있는지 살펴볼 것입니다. 그러다가 그 뼈 덩어리에서 먹을 것이 없다는 것을 확인한 후에는 금방 흥미를 잃고 다른 곳으로 가버립니다.

질문이 넘치는 수업의 동기 유발도 이와 같은 맥락에서 이해할 수 있습니다. 단순히 학생들의 흥미와 재미를 유발하는 정도가 아니라, 그것이 학생들의 사고를 촉발하고 그들의 기존 경험 및 지식에 새로운 파장을 불러일으켜야 합니다. 결국 학생들의 질문으로 연결될 수 있는 효과적인 동기 유발 전략은—기존의 인지구조에 심각한 불균형을 초래할만한 자료 및 내용—질문이 넘치는 수업을 열어가는 매우 중요한 첫 단추라고 할 수 있습니다.

텍스트 분석 및 질문 만들기

질문이 넘치는 수업의 목적 및 지향점은 단지 학생들이 많은 질문을 생성하는 것에 있지 않습니다. 즉, 질문 그 자체가 결코 목적이 아니라는 것입니다. 질문은 학생들의 진정한 배움과 깊이 있는 학습을 위한 중요한 통로와 수단으로 작용합니다. 따라서 질문과 관련한 목적과 수단의 전도는 수업의 본질을 흐리게 할 뿐만 아니라 수업의 전체적인 방향을 잃게 합니다. 이러한 맥락에서 질문이 넘치는 수업에서 가장 중요하고 우선적인 활동은 바로 텍스트를 세심하게 분석하는 것이라고 해도 과언이 아닙니다. 왜냐하면 텍스트를 세심하게 분석하고 살피는 시간을 제대로 갖지 않으면, 학생들은 어떤 질문을 만들어야 할지 막막해합니다. 또한 학습 내용과 관련이 없는 질문을 만들기 일쑤입니다. 이렇게 되면, 겉으로는 학생들의 질문을 활용한 살아있는 수업을 하는 것처럼 보이지만, 질문이 넘치는 수업이 지향하는 깊이 있는 학습 및 진정한 배움이 일어나는 수업은 기대할 수 없습니다.

따라서 질문이 넘치는 수업에서 교사는 먼저 학생들에게 텍스트를 면밀히 분석하고 파악하여 질문을 만들도록 안내하는 것이 매우 중요합니다. 즉, 교사는 학생들이 교과서에 제시된 글뿐만 아니라 그림이나 표, 사진을 자세히 살펴보면서—곧 텍스트 내용이 무엇을 의미하는지, 자신이 무엇을 알고 모르는지, 무엇이 가장 궁금한지 등—텍스트와의 충분한 대화 시간을 갖도록 안내해야 합니다. 왜냐하면 질문의 종류와 질은 학생들이 텍스트와의 대화 시간을 얼마나 유의미하게 가졌는지에 따라 달라지기 때문입니다. 물론 학생들이 수업에 활용할 수 있는 좋은 질문을 만들기 위해서는 효과적인 질문을 만드는 훈련과 연습도 병행해야 합니다.

사실 이러한 과정을 거치는 것과 그렇지 않은 것의 차이는 하늘과 땅이라고 해도 과언이 아닙니다. 이러한 과정을 거치면 수업에 적극적으로 활용할 수 있는 좋은 질문들이 많이 생성되는 것을 보게 됩니다. 이때 교사 자신이 미리 계획한 질문과 학생들이 만든 질문을 잘 병합하여 수업에 활용할 수도 있습니다. 요컨대, 질문을 만드는 과정에서 교사가 학생들에게 분명히 주지시켜야 할 사실은 교과서 내용을 세밀히 분석하고 파악해야 한다는 것입니다.

질문 만들기

질문이 넘치는 수업에서 가장 먼저 하는 활동은 바로 질문 만들기입니다. 교사는 학생들이 만든 질문 중에서 좋은 질문을 선정하여 직접 수업에 활용할 수도 있습니다. 또는 교사 자신이 미리 계획한 질문과 학생들이 만든 질문을 잘 병합하여 수업에 활용할 수도 있습니다. 물론 어떤 내용의 질문을 만드는가 여부는 교과의 특성에 따라 조금씩 다를 수 있습니다. 무엇보다도 질문을 만드는 과정에서 교사가 학생들에게 분명히 주지시켜야 할 사실은 교과서 내용을 세밀히 분석하고 파악해야 한다는 것입니다.

과학 교과

실험 및 관찰이 많은 과학의 경우에는 주로 실험(관찰) 관련 질문 및 내용 관련 질문으로 구분하여 만들면 좋습니다. 실험(관찰) 관련 질문은 말 그대로 실험(관찰)과 관련한 질문입니다. 즉, 실험 순서 및 실험 과정, 실험 방법, 실험에 사용되는 도구 등과 관련된 질문입니다. 이와 관련된 질문은 교과서에 제시된 실험(관찰) 관련 그림이나 실험 순서('이렇게 실험해요' 혹은 '이렇게 활동해요' 등), 실험 방법 등을 읽고 만듭니다. 이때 중요한 실험(관찰) 도구에 밑줄을 그으면서 읽으면 질문 만드는 데 도움이 됩니다. 내용 관련 질문은 이미 만든 실험 관련 질문을 참고하여 그것을 내용으로 전환하여 만들 수 있습니다. 또는 교과서에 제시된 내용을 읽고 (법칙, 원리, 사실 등) 만들 수도 있습니다. 다음은 【5학년 1학기 과학(2. 온도와 열/고체에서의 열의 이동)】을 참고하여 만든 실험 및 내용 관련 질문의 예입니다.

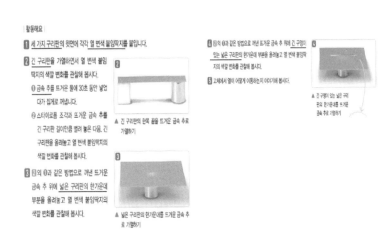

【5학년 1학기 과학(2. 온도와 열/고체에서의 열의 이동)】

실험 관련 질문의 예

❶ 왜 세 가지 구리판을 사용할까요? (해석)

❷ 열 변색 붙임딱지는 무엇이고 왜 사용할까요? (사실)

❸ 열 변색 붙임딱지는 무슨 색깔로 바뀌나요? (사실)

❹ 왜 추를 가열하나요? (사실)

❺ 넓은 구리판에서 금속 추를 왜 한가운데 놓을까요? 다른 곳에 놓으면 어떻게 될까요? (해석)

❻ 왜 고체의 열의 이동을 알아보는 데 구리판을 사용할까요? (사실)

❼ 긴 구멍이 있는 넓은 구리판은 넓은 구리판과 비슷한데 왜 실험할까요? (사실)

❽ 넓은 구리판과 긴 구멍이 있는 넓은 구리판은 가열한 추를 왜 한가운데에 놓을까요? (사실)

❾ 구리판이 아닌 다른 고체를 사용해도 될까요? (적용)

내용 관련 질문의 예

– 실험 관련 질문을 내용으로 전환하여 만든 내용 관련 질문

❶ 왜 세 가지 구리판을 사용할까요?

→ 세 가지 구리판(긴 구리판, 넓은 구리판, 구멍이 뚫린 구리판)에서 열은 어떻게 이동할까요? (해석)

❸ 열 변색 붙임딱지는 무슨 색깔로 바뀌나요?

→ 열 변색 붙임딱지의 색깔 변화 방향은 무엇을 나타낼까요? (사실)

❻ 넓은 구리판에서 금속 추를 왜 한가운데에 놓을까요?

→ 금속 추를 넓은 구리판 한가운데 놓으면 열이 어떻게 이동할까요? (해석)

→ 금속 추를 한가운데가 아닌 다른 곳에 놓으면 열이 어떻게 이동할까요?(해석)

❽ 긴 구멍이 있는 넓은 구리판은 넓은 구리판과 비슷한데 왜 실험할까요?

→ 긴 구멍이 있는 넓은 구리판에서는 열이 어떻게 이동할까요? (해석)

❿ 구리판이 아닌 다른 고체를 사용해도 될까요?

→ 구리판이 아닌 다른 고체의 열의 이동도 구리판과 같을까요, 다를까요? (해석, 적용)

– 관련 텍스트를 읽고 만든 내용 관련 질문

❶ 왜 고체는 온도가 높아진 부분에서 낮은 부분으로 열이 이동할까요? (해석)

❷ 전도가 무엇일까요 ? (사실)

❸ 구리판 말고 다른 고체도 온도가 높은 부분에서 낮은 부분으로 이동할까요? (적용)

❹ 중간에 물체가 끊어져도 열이 이동할까요? (사실)

❺ 긴 구리판에서는 열이 어떻게 이동할까요? (해석)

❻ 넓은 구리판에서는 열이 어떻게 이동할까요? (해석)

❼ 긴 구멍이 있는 넓은 구리판에서는 열이 어떻게 이동할까요? (해석)

❽ 세 가지 구리판에서의 열의 이동은 같을까요, 다를까요? (적용)

사회 교과

사회 교과는 인간을 둘러싼 수많은 사회 현상(정치, 경제, 사회, 문화 등) 및 과거로부터 현재까지의 다양한 역사적 사실을 담고 있습니다. 따라서 사회는 내용 그 자체만으로도 질문을 만들기에 충분합니다. 그러나 사회 교과는 본문 내용 이외에도 제시된 내용을 이해하는 데 도움이 될 만한 사진이나 그림, 표 등도 많이 수록되어 있습니다. 따라서 과학과 마찬가지로 사회 교과도 두 가지 방식으로 구분하여 질문을 만들면 좋습니다. 하나는 본문 내용을 중심으로 만듭니다. 그리고 다른 하나는 사진이나, 그림, 표 등이 제시되어 있는 경우, 그와 관련된 질문을 만들 수 있습니다. 왜냐하면 이러한 자료들은 본문을 자세히 읽지 않아도 학습 내용을 개략적으로 이해할 수 있는 유용하고 의미 있는 정보들을 많이 포함하고 있기 때문입니다. 다음은 5학년 사회【2. 사회의 새로운 변화와 오늘날의 우리-(1) 새로운 사회를 향한 움직임】에서 '동학 농민 운동을 살펴보고 당시 사람들의 생각을 알아봅시다'를 참고하여 만든 질문의 예입니다.

고부 군수의 횡포　　　　　　　　잡혀가는 전봉준

【5학년 2학기 사회(2. 사회의 새로운 변화와 오늘날의 우리-
(1) 새로운 사회를 향한 움직임】

그림이나 사진 관련 질문의 예

❶ 왜 군수는 자기 아버지의 비석을 세우는 데 백성들에게 돈을 내게 했을까요? 돈을 못 내면 어떻게 되었을까요?

❷ 군수가 자기 아버지의 비석을 세우려는 이유가 뭘까요?

❸ 군수 아버지의 비석을 세우는 데 필요한 돈을 아전들이 자발적으로 걷었을까요? 아니면 군수가 시켰을까요?

❹ 농부가 농사짓는 데 필요한 물값을 왜 내야 할까요?

❺ 이웃과 친하게 지내지 않은 것이 무엇을 의미할까요?

❻ 이웃과 친하게 지내지 않은 사람이 풀려나는 길은 다른 방법도 있을 텐데 왜 돈을 내야만 풀려날 수 있을까요? (해석)

❼ 잡혀가는 전봉준 옆에 군복을 입고 있는 사람은 조선 사람일까요? 아니면 다른 나라 사람일까요?

❽ 전봉준이 잡혀가는데 왜 들것에 실려 잡혀가고 있을까요?

❾ 전봉준은 왜 잡혀가고 있을까요?

❿ 전봉준은 어떻게 해서 잡혔을까요? 잡혀간 전봉준은 어떻게 되었을까요?

본문 내용과 관련한 질문의 예

❶ 동학은 무엇이며, 왜 동학 농민 운동이라고 할까요?

❷ 왜 동학 농민 운동은 전라도에서 일어났으며, 그 세력이 경상도를 비롯한 인접한 지방으로도 번져 나갔을까요?

❸ 왜 조선은 동학 농민 운동을 진압하는 데 다른 나라의 도움을 요청했을까요?

❹ 왜 청나라가 군대를 보내자 일본도 군대를 보냈을까요?

❺ 동학 농민 운동이 당시 조선 사회에 미친 영향은 무엇일까요?

❻ 왜 전봉준의 부하가 전봉준을 밀고했을까요?

❼ 전봉준과 동학 농민군의 개혁안은 왜 제대로 이행되지 않았을까요?

❽ 동학 농민군의 무기는 어떤 것이었을까요?

❾ 동학 농민군에는 농민만 가담했을까요?

도덕 교과

3장에서 이미 세 가지 질문의 종류—사실 확인 질문(사실적 질문), 내용 확대 질문(해석적 질문), 자기 확인 질문(적용적 질문)—에 대해 살폈습니다. 사실 도덕은 다른 교과에 비해 이 세 가지 질문을 가장 효과적으로 활용할 수 있는 교과입니다. 왜냐하면 대부분의 도덕 수업은 먼저 제시된 텍스트 내용을 중심으로 사실을 확인하고, 그 다음 확인된 사실적 내용에 근거하여 자신의 생각과 느낌, 의견, 그리고 그것에 따른 이유를 피력하는 단계로 나아가기 때문입니다. 그리고 마지막으로 텍스트 내용—곧 인물의 행동, 인물의 생각과 판단 등—을 자신에게 적용하여 '그 상황에서 만약 나라면 어떻게 했을지' 혹은 '인물의 행동과 생각에서 얻을 수 있는 교훈이나 시사점' 등과 관련된 부분이나 문제 상황에 대한 해결책을 강구하는 단계로 전개되기 때문입니다. 따라서 도덕 수업은 이 세 가지 종류의 질문을 각각 만들게 하면 좋습니다. 다음은 5학년 도덕【2. 내 안의 소중한 친구-(3) 내 마음속의 힘을 길러요】에서 덕이의 일기를 참고하여 만든 질문의 예입니다.

사실 확인 질문의 예(사실)

❶ 덕이 부모님은 정한 시간만큼만 게임을 하기로 약속한 시간이 다 되자 덕이에게 무슨 말을 했나요?

❷ 덕이는 부모님이 자신에게 하는 말을 듣고 어떤 감정이 들었나요?

❸ 학교에서 덕이에게 일어난 좋지 않은 일이 무엇인가요?

❹ 점심 시간에 있었던 일로 덕이는 어떤 마음이 들었나요?

❺ 덕이의 반은 음악시간에 무슨 시험을 치기로 했나요?

❻ 단소 불기가 걱정이 된 덕이가 지레짐작 가지게 된 생각은 무엇인가요?

내용 확대 질문의 예(해석)

❶ 여러분은 정한 시간만큼만 게임을 하기로 약속한 시간이 다 되자 덕이 부모님께서 덕이에게 한 말에 대해서 어떻게 생각하나요? 그리고 그 이유는 무엇인가요?

❷ 여러분은 약속한 시간이 되자 게임을 그만하라는 부모님의 말씀을 듣고 덕이가 보인 반응에 대해 어떻게 생각하나요? 그 이유는 무엇인가요?

---

❸ 짝꿍인 윤환이의 말을 들은 덕이는 어떤 생각과 감정이 들었을까요?

❹ 단소 불기가 걱정이 된 덕이가 "이번에도 망했네."라고 말한 부분에서 알 수 있는 덕이는 성격은 어떠한가요? 그렇게 생각한 이유는 무엇인가요?

❺ 여러분은 자기 책상을 치고 간 지혜를 두고 조심성이 없다고 판단한 덕이의 생각을 어떻게 생각하나요? 그 이유는 무엇인가요?

❻ 여러분은 무심코 책상을 치고 간 친구의 행동에 화를 낸 덕이의 행동을 어떻게 생각하나요? 왜 그렇게 생각하나요?

❼ "왜 해 보지도 않고 그런 말을 해?"라고 말한 윤환이의 성격은 어떠한가요?

자기 확인 질문의 예(적용)

❶ 여러분은 다른 친구가 여러분의 책상을 치고 가거나 실수로 자신의 물건을 떨어뜨렸을 때 어떻게 반응했나요?

❷ 여러분도 부모님으로부터 덕이 부모님과 같은 말을 들은 적이 있나요? 그때 어떻게 했나요?

❸ 만일 내가 덕이라면 게임을 하기로 약속한 시간이 다 되어 부모님께서 그만하라고 했을 때, 어떻게 했을 것 같나요?

❹ 여러분이 덕이라면 "왜 해 보지도 않고 그런 말을 해?"라고 말한 윤환이의 말에 어떤 반응을 했을 것 같나요?

❺ 여러분은 주로 언제 외롭고 억울한 마음이 드나요?

❻ 여러분은 자신의 감정을 곧바로 표현하는 편인가요? 아니면 참고 인내하는 편인가요?

❼ 여러분은 자신이 잘하지 못하는 부분에 대해서 쉽게 포기하는 편인가요? 아니면 끝까지 노력해 보는 편인가요?

❽ 여러분도 자신의 실수나 잘못으로 인해 친구의 마음을 상하게 한 적이 있나요? 그때 친구는 어떻게 반응했나요?

❾ 여러분도 친구의 잘못이나 실수를 잘 용납해 주고 받아주는 편인가요?

⑩ 자신의 잘못이나 실수를 친구가 잘 받아주고 용납해 주었을 때 여러분의 기분은 어떠했나요? 반대로 잘 받아주지 않았을 때 여러분의 기분은 어떠했나요?

질문 공유하기

질문이 넘치는 수업에서는 학생들이 스스로 질문을 만드는 활동도 매우 중요하지만, 그 이후에 질문을 공유하는 활동도 매우 중요합니다. 질문을 공유하는 방식은 다양합니다. 먼저 짝과 공유하고 난 후에 모둠별로 서로의 질문을 공유할 수 있습니다. 그리고 학급 전체로 확장하여 질문을 공유할 수 있습니다. 이러한 질문 공유 활동은 학생들에게 다른 친구들이 만든 질문을 파악하고 확인할 수 있는 기회(질문의 종류 및 내용 등)를 제공합니다. 또한 학습에 도움이 되고 수업에 적극 활용할 수 있는 의미 있는 질문이 무엇인지 확인할 수 있는 기회도 갖습니다.

> **TIP** 질문 공유 시간을 재미있는 활동으로 연결시켜요
>
> • 학생들이 만든 질문을 공유할 때, 먼저 짝과 공유한 후에 모둠별(시간이 허락된다면), 그리고 학급 전체적으로 공유하는 방식을 권장합니다.
> • 이때 한 학생이 자신이 만든 질문을 말하면, 그 질문과 유사하거나 서로 관련성이 있는 질문을 만든 학생이 있을 경우, 그 학생은 "me too!"라고 하면서 손을 들고 흔듭니다.
> • 반대로 그 질문과 유사한 질문이 없다면, 나머지 친구들이 그 친구를 향해 손을 뻗으면서 "you only!"라고 해 줍니다. 그러면 그 질문을 던진 친구는 으쓱해하면서 좋아하는 모습을 보게 됩니다.
> • 한편, 모둠별로 질문을 만들어 공유할 때도 있습니다. 이때, 발표하는 모둠

질문과 유사하거나 서로 맥락이 맞닿아 있는 모둠이 있을 경우, 그 모둠은 "we too!"라고 하면서 손을 들고 흔듭니다.
- 반대로 그렇지 않은 경우에는, 나머지 모둠 친구들이 그 모둠을 향해 손을 뻗으면서 "you only!"라고 해 줍니다.

학습 질문 제시하기

학습 질문은 일반적인 수업 형태로 말하면 학습 문제에 해당합니다. 따라서 본격적인 수업은 학습 질문을 제시하면서부터 시작된다고 볼 수 있습니다. 그런데 질문이 넘치는 수업에서는 학습 질문을 평서형으로 제시하지 않고 질문형으로 제시합니다. 예컨대, 대부분의 과학 교과서에는 본 차시 상단에 큰 글씨로 학습 문제(~알아봅시다)를 제시해 놓은 경우가 많습니다. 질문이 넘치는 수업에서는 이 학습 문제를 질문 형식(~알아볼까요?)으로 바꾸어 제시합니다.

질문이 넘치는 수업에서는 학습 질문뿐만 아니라, 이후의 다른 질문들(징검다리 질문, 본질 질문, 적용 질문 등)을 제시할 때 학생들이 만든 질문들을 효과적으로 잘 활용해야 합니다. 즉, 학생들이 만든 질문 중에서 교사가 계획한 질문과 유사하거나 혹은 맥락이 닿아 있는 질문이 있다면, 그것과 잘 병합하여 제시할 수 있습니다. 또는 학생들이 만든 질문들만을 잘 엮어서 제시할 수도 있습니다. 물론 이렇게 할 수 있는 교사의 역량은 반드시 다음과 같은 사실이 전제되어야 합니다. 즉, 사전에 충분한 교재 연구가 선행되어야 한다는 것입니다. 왜냐하면 충분한 교재 연구는 학생들이 만든 질문 중에서 본 차시 내용과 깊은 관련성이 있는 질문이 무엇인지를—이를테면 수업을 진행하는 과정에서 제시해야 할 질문 내용 및 질문의 맥락—

정확하게 판단할 수 있도록 해 주기 때문입니다. 그리고 수업을 진행하는 과정 및 단계에서 어떤 질문이 중요하고 필요한지—곧 어떤 질문이 본 차시의 성취 기준을 충족시키는 데 필요한 질문인지—를 판단할 수 있도록 해 줍니다. 질문이 넘치는 수업에서 교재 연구는 아무리 강조해도 지나치지 않습니다.

(TIP) **효과적인 학습 질문을 제시하는 방법**

- 교과서에 제시된 학습 문제를 그대로 학습 질문으로 제시하면 너무 단조롭거나 혹은 생동감이 떨어지는 경우가 있습니다. 따라서 교사는 어떻게 하면 좀 더 재미있고 유의미한 학습 질문을 제시할 수 있을지 고민해야 합니다. 그 방법 중에 하나가 바로 동기 유발에서 사용했던 자료를 학습 질문으로 연결하여 제시하는 것입니다.

【예시 자료: 5학년 1학기 (2. 온도와 열 단원)】

- 본 차시는 '고체에서 열의 이동에 대해 알아보는 내용'입니다. 교과서에 제시된 학습 문제는 '고체에서 열이 어떻게 이동하는지 알아봅시다'입니다.
- 이때 교사는 교과서에 제시된 학습 문제의 초점(성취 기준)을 벗어나지 않으면서도, 동기 유발 자료에서 사용했던 내용을 재구성하여 학습 질문으로 제시하면 효과적인 학습 질문을 제시할 수 있습니다.

동기 유발 자료	효과적인 학습 질문의 예
 공통점?	• 가열하지 않은 주전자 손잡이(고체)가 왜 뜨거워질까요?

징검다리 질문 제시하기

징검다리 질문은 일반적인 수업 형태로 말하면(학습 활동이 3개인 경우) 학습 활동 1에 해당한다고 볼 수 있으며, 학습 질문을 해결하기 위해 가장 먼저 던지는 질문입니다. 그리고 징검다리 질문의 또 다른 기능은 그 다음에 이어지는 본질 질문을 해결하기 위한 징검다리 역할을 한다는 것입니다. 다음은 과학 교과서를 중심으로 징검다리 질문 제시 방식을 설명한 예입니다.

> **TIP 효과적인 징검다리 질문을 제시하는 방법**
>
> • 과학 수업에서 징검다리 질문은 어떻게 제시하면 좋을까요? 과학 수업은 대부분 실험 및 관찰을 중심으로 전개됩니다. 따라서 이와 관련한 내용으로 징검다리 질문을 제시하면 매우 효과적입니다.

실험 장면	관련 징검다리 질문
	• 따뜻한 물과 차가운 물이 접촉하면 온도는 어떻게 변할까요?
	• 여러 모양의 열 변색 구리판에서 열은 어떻게 이동할까요?
	• 차가운 물과 뜨거운 물 위의 잉크는 어떻게 움직일까요?

본질 질문 제시하기

본질 질문은 일반적인 수업 형태로 말하면(학습 활동이 3개인 경우) 학습 활동 2에 해당한다고 볼 수 있으며, 학습 질문과 가장 맞닿아 있는 질문입니다. 그리고 학습 질문 해결을 위해 가장 구체적이고 본질적이며 실제적인 질문이라고 할 수 있습니다. 따라서 과학 수업에서의 본질 질문은 주로 실험 결과와 이를 통해 알게 된 사실(일반화)을 중심으로 제시하면 좋습니다. 다음은 과학 교과서를 중심으로 본질 질문 제시 방식을 설명한 예입니다.

TIP 효과적인 본질 질문을 제시하는 방법

• 과학 수업에서 본질 질문은 어떻게 제시하면 좋을까요? 본질 질문은 학습 질문을 해결하기 위한 가장 중요한 질문이라고 할 수 있습니다. 그러므로 본질 질문은 징검다리 질문(실험 관련 질문)을 토대로 학습 질문 해결을 위한 가장 직접적인 내용으로 제시하면 효과적입니다.

실험 장면	관련 본질 질문
	• 온도가 다른 두 물체가 접촉할 때 열은 어떻게 이동하나요?
	• 고체에서 열은 어떻게 이동하는지 설명해 볼까요?
	• 액체에서 열은 어떻게 이동하는지 설명해 볼까요?

적용 질문 제시하기

적용 질문은 일반적인 수업 형태로 말하면(학습 활동이 3개인 경우) 학습 활동 3에 해당한다고 볼 수 있으며, 본질 질문을 통해 알게 된 사실을 학생들의 실제적인 삶으로 확대·적용하는 질문입니다. 다음은 과학 교과서를 중심으로 적용 질문 제시 방식을 설명한 예입니다.

> **TIP** 효과적인 적용 질문을 제시하는 방법
>
> • 과학 수업에서 적용 질문은 어떻게 제시하면 좋을까요? 과학 수업에서는 학습 내용을 학생들의 삶으로 갖고 와서 생각해 보는 시간이 매우 중요합니다. 특히 과학 수업은 알게 된 사실 및 원리를 학생들의 삶과 연결시켜 주는 활동이 반드시 필요합니다. 바로 적용 질문이 그런 역할을 합니다.

관련 내용	관련 적용 질문
	• 삶은 면과 차가운 물에서의 열의 이동은 어떠하며, 이와 관련한 또 다른 예들은 어떤 것이 있을까요?
	• 노란색 부분을 잡았을 때 일어날 수 있는 일을 고체의 열의 이동(전도)과 관련하여 설명해 볼까요?
	• 목욕탕 물을 빨리 차갑게 하려면 수도꼭지를 어디에 설치하면 좋을까요?

비주얼씽킹 및 서로 가르치기

모든 수업에서 정리 활동은 매우 중요합니다. 그러나 문제는 그 정리 활동을 누가(주체) 어떻게(방법) 하는가에 따라 그 효과가 달라진다는 것입니다. 질문이 넘치는 수업은 수업의 시작에서부터 마지막까지 학생들이 수업의 진정한 주체자가 되어야 한다는 점을 강조합니다. 이러한 강조점은 수업의 정리 단계에서도 예외가 될 수 없습니다.

> **TIP** 효과적인 정리 활동을 하는 방법
>
> • 이를 위한 가장 효과적인 방법이 무엇일까요? 그것은 바로 비주얼씽킹 및 서로 가르치기 활동입니다. 비주얼씽킹은 지금까지 학습한 내용을 일목요연하게 한 문장으로 정리하고, 그것을 간단한 그림으로 표현합니다.

학습 주제 및 학습 질문	비주얼씽킹
• 학습 주제: 온도가 다른 두 물체가 접촉했을 때의 온도 변화 • 학습 질문: 핫팩을 쥐고 있으면 왜 손이 따뜻해질까요?	
• 학습 주제: 고체 종류에 따른 열의 이동 • 학습 질문: 건물을 지을 때, 스타이로폼을 넣는 이유가 무엇일?까요?	

★ 질문이 넘치는 과학 수업의 실제

이제 '과학 5−1학기' 3단원에서 한 차시를 선정하여, 수업의 도입 부분부터 마지막 정리 부분까지 질문이 넘치는 수업이 어떻게 전개되는지 기술하고자 합니다.

교과서를 세밀히 분석하라

과학은 다른 교과에 비해 그림 및 사진자료가 상대적으로 더 많습니다. 그 이유는 차시마다 실험과정을 설명하는 그림이나 사진자료, 그리고 그 외에도 다양한 보충자료들이 수록되어 있기 때문입니다. 예컨대, 도입 부분의 동기 유발 자료나 본 차시의 과학적인 사실이 우리 생활에 적용되는 사례를 제시하는 그림 및 사진 자료가 각 차시마다 제시되어 있습니다. 그래서 질문이 넘치는 수업에서는 교과서에 제시된 그림이나 사진자료 혹은 텍스트를 잘 분석하고 이해하는 것이 무엇보다도 중요합니다.

학생들이 만든 질문은 교사에게 다음과 같은 중요한 의미를 제공합니다. 이를테면 학생들의 관심이 무엇인지, 무엇에 의문을 가지고 알고 싶어 하는지, 그리고 무엇을 잘 이해하지 못하는지 알 수 있습니다. 이때 교사는 학생들이 궁금해 하거나 알고 싶어 하는 질문들을 참고하여 수업의 중요한 자료로 활용하면 좋습니다. 그래서 교사는 학생들이 어떤 질문을 만들었는지 항상 유심히 살펴보아야 하며, 그것을 서로 공유할 기회를 제공하고, 가능하면 학생들이 만든 질문을 활용하여 수업을 진행하면 좋습니다.

질문을 만들기 전에 교사가 학생들에게 반드시 주지시켜야 할 내용이 있습니다. 그것은 질문은 가능한 한 오늘 배울 학습 내용 및 그 범위 안에서 만들어야 한다는 것입니다. 그런데 학생들이 만든 질문을 보면, 종종 본 차시 학습 내용과 관련이 없는 경우도 더러 있습니다. 그런 질문들 중에는 그다음 차시와 관련한 질문이 있는데 그럴 때 교사는 그 질문이 다음 차시 내용과 관련이 된다고 안내해야 합니다. 그리고 본 차시와 관련한 내용을 중심으로 다시 질문을 만들게 합니다. 그런데 어떤 질문은 본 차시와 전혀 상관이 없는 엉뚱한 질문도 있습니다. 그럴 때 교사는 왜 그런 질문을 던졌는지 물어볼 필요가 있습니다. 그리고 그 이유를 확인한 후에—학생이 질문 만드는 것을 어려워하면—교사가 직접 학생에게 질문을 만드는 시범을 보여 주면 좋습니다.

다인수 학급의 경우, 교사가 학생들의 질문을 일일이 다 살펴보고 언급하는 것은 한계가 있습니다. 그래서 학생들이 만든 질문들을 몇 가지 주제나 내용으로 분류할 필요가 있습니다. 대략 3~4개 정도의 내용으로 분류하여 학생들에게 안내하면 좋습니다. 예컨대, 실험 과정, 실험 내용, 실험 결과, 삶과 관련한 적용 질문 등으로 분류하여 제시하면 좋습니다. 다음은 본 차시와 관련된 교수·학습 과정안입니다.

〈5-1학기 과학과 교수·학습 과정안: 3단원. 태양계와 별〉

일시	○○○○년 ○월 ○일	학년	5학년 ○반	수업자	○○○
단원	3. 태양계와 별 (2/11)	주제	태양계의 구성원 알아보기	장소	과학실

학습 목표	• 태양계 행성의 특징을 조사하여 발표할 수 있다. • 태양계 행성의 구성원을 알 수 있다.	교과핵심역량	과학적 의사소통능력
		인성 요소	배려, 협력, 공감, 소통

성취 기준	[6과 02-01] 태양이 지구의 에너지원임을 이해하고 태양계를 구성하는 태양과 행성을 조사할 수 있다. [6과 02-02] 다양한 방식 방법으로 아이디어를 발전시킬 수 있다.

수업자 의도	태양계의 구성원을 알아보는 과학을 중심교과(S)로 설정하여, 텍스트를 읽고 질문을 만들며(E), 교사가 제시하는 질문에 대한 다양한 짝대화, 모둠대화(대화·및 신체활동, A)를 통해 핵심질문을 해결하는 방향으로 수업을 전개한다.

학습자료	교사	태양계 행성의 ppt자료, 태양계 행성자료
	학생	교과서, 실험관찰, 태블릿

단계	학습 유형 및 학습 내용	교수·학습 활동	자료(♠), 유의점(※), 인성요소(인), 핵심역량(옝) 활동유형(◉)
동기 유발 및 문제파악	교사 동기 유발 및 생각열기	■ 전시 학습 상기 및 동기 유발 ◎ '가족'이라는 단어에서 떠오르는 낱말 생각하기 ◎ 배경지식 활성화 및 질문 만들기 　· 교과서 그림 살펴보며 교사와 함께 텍스트 읽기 ◎ 옆 짝과 함께 대화하며 질문 만들기(2가지 이상) 　· 질문 모둠판에 질문을 적고, 나도, 나만, 우리도, 너희만 게 　임 하기	♠ ppt (옝) 짝 활동(옆 짝) ※ 책을 읽을 때 또박또박 분명하게 소리내어 읽는다. (인) 배려, 협력 ♣ 질문노트, 보드판

		■ 학습 질문 제시하기 ♠ 태양계의 의미와 구성요소를 알아볼까요?	※ 학생들이 만든 질문을 중심으로 하되, 없는 경우에는 교사가 미리 만들어 놓은 질문을 제시한다.
자유탐색	핵심질문 확인		
탐색결과 발표			
교사의 안내에 따른 탐색	생각 넓히기	■ 생각 넓히기 ◎ 징검다리 질문: 태양계를 태양의 영향을 받는 천체라고 하는 것은 무슨 뜻일까요? (태블릿 PC) • 교과서에 제시된 그림과 PC를 보고 징검다리 질문을 해결하기 위한 자료 탐색하기	♣ ppt, 태블릿 PC [역] 과학적 의사소통 역량 ※ 학생들이 스스로 태양계에 대한 이미지를 찾을 수 있도록 추가적인 자료와 단서를 제시한다.
	자료탐색 및 기초탐구	◎ 본질 질문: 태양계 구성원에는 어떤 것들이 있나요? (과정 중심 평가) • 임의 짝 활동을 통해 서로의 정보 공유하기	♣ 과정, 노랑, 초록색 종이 [평] 임의 짝 활동
	생각 정교화하기	■ 생각 정교화하기 ◎ 적용 질문: 태양계 지구(행성)와 달(위성)이 관계를 몸으로 표현해 볼까요? • 모둠별로 서로 역할을 정하여 몸으로 표현하기	※ 학생들의 오개념을 바로잡아 준다. [인] 공감, 협력
탐색결과 정리	학습내용 정리	■ 친구들과 함께 만들어가기 ◎ 서로 배운 내용을 임의 짝가리 설명하면서 나누기 ◎ 태양계 구성원을 노래가사로 만들어 부르기 ◎ 차시 예고하기 • 소행성, 혜성에 대해서 더 알아보기	[인] 협력, 소통

수업의 도입은 이렇게 해요

〈도입 부분과 교수 · 학습 활동〉

단 계	학습 내용	교수 · 학습 활동	자료(♣), 유의점(※), 인성요소(인), 핵심역량(핵), 활동유형(활)
동기 유발 및 문제파악	동기 유발 및 생각열기	■ 전시 학습 상기 및 동기 유발 ◎ '가족'이라는 단어에서 떠오르는 낱말 생각하기 ◎ 배경지식 활성화 및 질문 만들기 • 교과서 그림 살펴보며 교사와 함께 텍스트 읽기 ◎ 옆 짝과 함께 대화하며 질문 만들기(2가지 이상) • 질문 모음판에 질문을 적고, 나도, 나만, 우리도, 너희만 게임 하기	♣ ppt 활 짝 활동(옆 짝) ※ 책을 읽을 때 또박또박 분명하 게 소리내어 읽는다. 인 배려, 협력 ♣ 질문노트, 보드판

동기 유발

　전술한 바와 같이, 효과적인 동기 유발 전략은 학생들의 호기심을 자극하여 '왜 그렇지?'라는 의구심을 갖게 해야 합니다. 예시에서의 태양계와 관련한 효과적인 동기 유발 자료는 무엇일까요? 잘 알다시피, 태양계는 태양을 중심으로 도는 8개의 행성과 그 행성을 도는 위성, 그리고 소행성, 혜성 등으로 구성되어 있습니다. 그래서 태양계는 태양을 중심으로 구성된 한 가족으로 비유할 수 있습니다. 이러한 맥락에서 저는 학생들에게 가족사진을 보여 주면서, '가족'이란 단어를 들었을 때 가장 먼저 떠오르는 것이 무엇인지 말해 보게 하였습니다.

　학생들은 다양한 반응을 보였습니다. 예컨대, 엄마, 아빠, 형, 누나 등 가족 구성원을 말하기도 했고, 한 울타리, 집 등 가족이 사는 공간을 말하기도 했습니다. 그리고 혈연, 사랑, 헌신 등 가족을 지탱하는 중요한 요소를 말하기도 했습니다. 그런데 제가 기대한 내용은

〈학생들에게 제시한
가족사진〉

〈'가족' 하면 떠오르는 낱말〉

〈교과서에 제시된
태양계 그림〉

바로 관계였습니다. 왜냐하면 태양계는 태양을 중심으로 관계를 맺고 있기 때문입니다. 뒷부분에 나오지만, 태양계 구성원이 되려면, 반드시 태양을 중심으로 태양 주위를 돌아야 합니다. 이것이 바로 태양계 구성원들이 태양과 갖는 중요한 관계입니다.

그래서 학생들이 언급한 혈연, 사랑, 헌신 등을 다시 한번 더 강조하면서, 이러한 단어들에서 찾을 수 있는 중요한 공통점은 바로 '관계'라고 설명했습니다. 왜냐하면 가족은 특별한 관계를 맺고 있는 작은 단위이기 때문입니다. 그리고 오늘 우리가 배우게 될 태양계도 가족과 마찬가지로 관계를 맺고 있는데―교과서에 실린 태양계 사진을 제시하면서―그것이 무엇인지를 생각해 보도록 하였습니다.

책을 꼼꼼히 분석하면서 질문을 만들자

교사의 안내에 따라 학생들은 오늘 학습 내용이 태양계 가족에 대한 부분임을 인지했습니다. 이때 학생들은 태양과 주변 행성들이 어떤 관계를 맺고 있기에, '태양계 가족'이라고 하는지 궁금증을 갖게 됩니다. 그런데 효과적인 동기 유발은 단순히 학습 내용에 대해 어렴풋이 감을 잡는 정도가 아닙니다.

'왜 그렇지?'라고 하는 의문점을 가지게 해야 합니다.

이러한 의문점은 학생들 스스로 질문을 만들 수 있는 동력이 될 뿐만 아니라, 본 차시 학습 내용과 관련한 의미 있는 질문을 만들게 하는 데에도 중요한 자극제가 됩니다. 그럼에도 불구하고 주로 선생님의 질문을 받고 대답하는 것에 익숙한 학생들에게 질문 만들기는 의외로 쉽지 않고 부담스러운 활동입니다. 하지만 계속 질문을 만들다 보면, 대부분의 학생이 질문 만들기에 익숙해집니다. 학생들마다 정도의 차이는 있지만, 주어진 시간 안에 1개 정도의 질문은 그리 어렵지 않게 만듭니다. 그런데 학생들에게 무턱대고 질문을 만들라고 하면 무엇을 어떻게 해야 할지 당황하기도 하고 난감해합니다. 따라서 교사는 사전에 학생들과 함께 질문 만드는 훈련을 충분히 연습할 필요가 있습니다. 또한 교사가 먼저 관련 예시 자료를 충분히 제공하고, 질문 만드는 시범을 보이면 좋습니다.

> **TIP** 텍스트 내용 효과적으로 파악하기
>
> 선생님들은 주로 어떤 교과 시간에 학생들과 함께 책을 읽습니까? 대부분 내용 파악이 중요한 교과라고—즉 국어나 도덕, 사회 교과 등—생각합니다. 그런데 질문이 넘치는 수업에서는 어떤 교과든 교사가 학생들과 함께 읽는 활동이 매우 중요합니다. 질문을 만들기 위해서는 우선 텍스트 내용을 파악해야 하는데, 책을 읽을 때 교사가 학생들과 한 문장씩 번갈아 읽으면 학생들의 집중도가 더 높아집니다. 이때 교사는 학생들에게 잘 이해되지 않거나 더 알고 싶은 내용에 밑줄을 긋게 하고, 그것을 중심으로 질문을 만들게 하면 좋습니다.

과학 수업의 경우, 그림과 사진 자료가 많기 때문에 다른 교과에 비해 질문 만들기가 비교적 수월합니다. 따라서 그림을 자세히 분석하게 하거나 혹은 텍스트 내용을 자세히 읽는 습관은 질문을 만드는 데에 많은 도움이 됩니다. 다음은 태양계와 관련한 앞의 그림 자료를 보면서 학생들이 만든 질문들입니다

? 학생들이 만든 질문들

- 달도 태양계의 가족일까?
- 처음에는 태양과 가까운데 왜 갈수록 행성 간의 거리가 멀어질까?
- 태양의 크기는 어느 정도일까? 태양과 주위 행성을 왜 태양계라고 할까?
- 태양계에서 엄마 역할을 하는 것은 무엇일까?
- 행성은 왜 크기가 다를까?
- 태양도 태양계 구성원일까?
- 태양은 왜 크고 다른 것은 왜 작을까?
- 별은 왜 태양계에 속하지 않을까?
- 지구의 위성인 달도 태양계에 속할까?
- 왜 태양계 행성에는 태양과 지구를 뺀 나머지 행성에 '성'이 들어갈까?
- 별과 행성은 같은 걸까?
- 태양으로 날아가는 듯이 보이는 파란색은 무엇일까?
- 달은 무엇으로 부를까?
- 별은 왜 태양계에 속하지 않을까?
- 별도 태양계에 포함시켜도 될 텐데 왜 분리했을까?
- 목성과 화성 사이에 작은 점 같은 것들이 보이는데 이것은 무엇일까? 그리고 왜 화성과 목성 사이에 집중적으로 있을까?

〈질문을 만들고 있는 학생들〉

　학생들이 만든 질문을 보면, 의외로 학생들의 관찰력이 대단하다는 것을 알게 됩니다. '태양으로 날아가는 듯이 보이는 파란색은 무엇일까?'라는 질문을 한번 생각해 보십시오. 이 질문은 그림을 자세히 관찰하지 않으면 만들기 힘든 질문입니다. 사실 과학에서 그림 자료는 학습주제 및 본 차시 학습 내용을 함축하고 있는 경우가 많습니다. 그래서 교과서에 제시된 자료들―특히 그림이나 사진 자료 등―을 명확히 이해하는 것은 수업의 성패를 좌우하는 중요한 열쇠가 됩니다.

　저는 질문이 넘치는 수업을 적용하기 이전에는 과학 수업은 물론 여타 다른 수업에서도 교과서에 제시된 그림이나 사진 자료를 제대로 분석하지 않고 사실상 무심코 지나쳤습니다. 그런 과거의 제 모습은 그것의 중요성을 잘 몰랐다고 합리화하기에는 너무 무책임하다는 생각을 하게 합니다. 그러나 질문이 넘치는 수업을 시작하면서 학습 내용과 관련한 그림이나 사진 자료를 면밀히 분석하는 활동이 얼마나 중요한지 알게 되었습니다. 왜냐하면 그 속에는 학습 내용과 관련한 중요한 의미들이 내포되어 있기 때문입니다. 따라서 교사는 학생들에게 그런 자료들을 분석하는 과정에서 그림이나 사진 자료에 담긴 의미가 무엇인지를 세심히 파악하도록 안내해야 합니다. 그것이 바로 좋은 질문을 만드는 출발점이자 귀결점이 됩니다.

앞의 표에서 보다시피, 학생들이 만든 질문들은 매우 다양합니다. 따라서 교사는 학생들이 던진 질문을 분류할 필요가 있습니다. 그렇게 하면 아무리 많은 질문도 몇 가지 중요한 항목으로 정리하여 요약할 수 있습니다. 저는 학생들의 질문들을 다음과 같이 분류했습니다.

〈학생들의 질문들을 유목화한 내용〉

태양계의 구성원과 관련된 질문	다음 차시와 관련된 질문	태양계가 무엇인가와 관련된 질문
• 달도 태양계의 가족일까? (사실) • 태양도 태양계 구성원일까? (사실) • 별은 왜 태양계에 속하지 않을까? (해석) • 지구의 위성인 달도 태양계에 속할까? (사실) • 태양으로 날아가는 듯이 보이는 파란색은 무엇일까? (사실) • 별도 태양계에 포함시켜도 될 텐데 왜 분리했을까? (해석) • 왜 태양계 행성에는 태양과 지구를 뺀 나머지 행성에 '성'이 들어갈까? (해석) • 달은 무엇으로 부를까? (사실) • 별과 행성은 같은 걸까? 행성과 소행성의 차이점은 무엇일까? (해석)	• 처음에는 태양과 가까운데 왜 갈수록 행성 간의 거리가 멀어질까? (해석) • 태양의 크기는 어느 정도일까? (사실) • 행성은 왜 크기가 다를까? (해석) • 태양은 왜 크고 다른 것은 왜 작을까? (해석)	• 태양과 주위 행성을 왜 태양계라고 할까? (해석) • 태양계에서 엄마 역할을 하는 것은 무엇일까? (해석)

학생들이 만든 질문을 공유하자

질문이 넘치는 수업에서는 양질의 질문을 만드는 활동도 중요하지만, 그에 못지않게 그 질문들을 서로 공유하는 활동도 매우 중요합니다. 이때 먼저 모둠 안에서 서로의 질문을 공유하는 시간도 필요하지만, 가능하면 반 학생들과 함께 질문을 공유하도록 해야 합니다. 그 이유는 다음과 같습니다.

서로의 질문을 공유하는 가운데 교사는 학생들이 어떤 질문을 던졌는지 확인할 수 있기 때문입니다. 이는 교사의 입장에서는 전체적인 수업의 흐름과 맥락을 미리 그려볼 수 있는─특히 질문이 넘치는 수업은 학생들의 질문을 중심으로 수업을 진행하기 때문에 더더욱 중요합니다─소중한 시간이 됩니다. 그리고 학생들의 입장에서는 자신이 만든 질문을 다른 학생들과 비교할 수 있는 기회가 됩니다. 예컨대, 자신이 만든 질문과 비슷한 질문을 만든 친구가 있는지, 아니면 자신만이 그 질문을 만들었는지 확인할 수 있습니다. 그리고 자신이 만든 질문이 학습 내용과 관련한 질문인지의 여부를 학생들 스스로 판단할 수 있는 기회를 제공하기도 합니다. 이러한 시간을 통해서 학생들은 차츰 자신의 질문의 질과 수준을 높여가는 기회를 갖습니다.

이런 시간을 지속적으로 가지다 보면, 학생들도 어떤 질문이 오늘 본문 내용과 깊은 관련이 있는지, 그리고 어떤 질문이 좋은 질문인지를 스스로 파악하는 능력을 키웁니다. 특히 교사는 학생들이 질문을 만들 때, 교실을 순회하면서 누가 본 차시 내용과 관련한 의미 있는 질문을 만들었는지 눈여겨볼 필요가 있습니다. 그래서 전체적으로 질문을 공유하는 시간을 가질 때, 그 학생의 질문을 소개하면 다른 학생들도 차츰 질문의 수준과 질이 향상됩니다.

〈질문을 공유하고 있는 학생들〉

TIP 학생들의 질문들을 수업에 활용하기

학생들이 만든 질문은 세울 수 있는 개인용 작은 보드판에 쓰게 하면 좋습니다. 그리고 먼저 모둠 친구들 상호 간에 각자가 만든 질문을 공유하게 합니다. 그런 후에 교사가 볼 수 있도록 보드판을 전면을 향해 돌려놓도록 안내합니다. 그리고 교사는 학생들이 만든 질문 중에서 본 차시와 깊은 관련이 있거나 교사가 만든 질문과 유사한 질문을 만든 학생의 질문을 교탁 한가운데에 놓고 수업을 진행합니다. 이때 교사는 "오늘 수업은 ○○의 질문을—교탁 한가운데에 있는 보드판에 적힌—해결하고자 합니다. 우리가 함께 도와주면서 해결해 보도록 합시다."라고 외치면서 수업을 진행하면 더욱 활기찬 수업이 됩니다.

〈수업에 활용되는 학생들의 질문〉

수업의 전개는 이렇게 해요

〈전개 부분과 교수 · 학습 활동〉

단계	학습 내용	교수 · 학습 활동	자료(♣), 유의섬(※), 인성요소(인), 핵심역량(핵), 활동유형(활)
자유탐색 탐색결과 발표	핵심질문 확인	■ 학습 질문 제시하기 ♣ 태양계의 의미와 구성요소를 알아볼까요?	※ 학생들이 만든 질문을 중심 으로 하되, 없는 경우에는 교 사가 미리 만들어 놓은 질문 을 제시한다.
교사의 안내에 따른 탐색	생각 넓히기 자료탐색 및 기초탐구 생각 정교화하기	■ 생각 넓히기 ◎ 징검다리 질문: 태양계를 태양의 영향을 받는 천체라고 하는 것은 무슨 뜻일까요? (태블릿 PC) • 교과서에 제시된 그림과 PC를 보고 징 검다리 질문을 해결하기 위한 자료 탐 색하기 ◎ 본질 질문: 태양계 구성원에는 어떤 것들 이 있나요? (과정 중심 평가) • 임의 짝 활동을 통해 서로의 정보 공유 하기	♣ ppt, 태블릿 PC 핵 과학적 의사소통 역량 ※ 학생들이 스스로 태양계에 대한 의미를 찾을 수 있도록 추가적인 자료와 단서를 제 시한다. ♣ 파랑, 노랑, 초록색 종이 활 임의 짝 활동
		■ 생각 정교화하기 ◎ 적용 질문: 태양계 지구(행성)와 달(위성) 의 관계를 몸으로 표현해 볼까요? • 모둠별로 서로 역할을 정하여 몸으로 표현하기	※ 학생들의 오개념을 바로잡 아 준다. 인 공감, 협력

질문을 공유하는 시간이 끝나면, 이제부터 본격적인 수업이 진행됩니다. 여러분은 지금까지의 과정을 보면서 어떤 생각을 하셨습니까? 질문이 넘치는 수업은 본격적인 교수 · 학습 활동이 진행되기 전에, 일반적인 형태의 수업에 비해 더 많은 시간이 필요하다는 것을 느꼈을 것입니다. 앞의 활동에서 보았듯이, 학생들이 질문을 만들고 공유하는 시간을 확보해야 합니다. 그래서 질문이 넘치는 수업은 동기 유발이 끝나고 나면, 곧바로 학습 문제를 제시하고 학습 활동으로 들어가는 일반적인 수업 형태와 조금 다릅니다.

수업을 해 보면 아시겠지만, 질문 만들기가 익숙해지면 익숙해질수록 이 과정이 점차 단축된다는 것을 알게 됩니다. 이때 질문 만들기 시간을 줄이려면, 미리 질문을 만들어 오게 하거나 아침 자습 시간을 활용해서 질문을 만들게 하면 좋습니다. 가끔 저는 질문을 미리 만들어 오게 합니다. 미리 예습도 되고, 정해진 수업 시간에 세심하게 살피지 못한 부분들을 꼼꼼하게 분석하면서 양질의 질문을 만들 수 있기 때문입니다.

학습 질문을 던지자

질문이 넘치는 수업에서 학습 질문은 일반적인 수업 형태에서 말하는 학습 문제에 해당합니다. 하지만 차이점은, 학습 문제는 '~해 봅시다' 또는 '~해 보자'로 표현하는 데에 반해, 학습 질문은 그것을 질문 형태로 제시한다는 것입니다. 과학의 경우, 본 차시와 관련된 질문이 교과서에 제시되어 있습니다. 그래서 그 질문을 그대로 학습 질문으로 차용하기도 합니다. 경우에 따라서는 그 질문을 좀 더 구체화하여 제시하기도 합니다. 예컨대, 우리가 지금 살펴보고 있는 태양계와 관련해서 말하자면, 교과서에는 '태양계에는 어떤 구성원이 있을까요?'로 제시되어 있지만, 저는 이것을 '태양계의 의미와 구성요소를 알아볼까요?'로 수정하여 제시했습니다. 왜냐하면 오늘 수업 내용을 보면, 태양계의 의미를 명확히 아는 것이 매우 중요하기 때문입니다. 즉, 태양계의 의미를 제대로 알아야 어떤 천체가 태양계에 속하고 그렇지 않은지를 명확히 알 수 있습니다.

학생들에게 질문을 만들게 하는 이유는 다양합니다. 학생들의 질문은 그들이 무엇을 알고 싶어 하고 궁금해 하는지 파악할 수 있는 통로가 됩니다. 그리고 질문을 통해 그들이 무엇을 잘 이해하지 못하는지, 그리고 오개념은 무엇인지도 알 수 있습니다. 무엇보다도 학생들이 만든 질문들은 본 차시 내용과 관련한 동기 유발로 자연스럽게 전이됩니다. 질문이 넘치는 수업에서는 그 질문들이 단지 동기 유발 차원에서 그치지 않고, 교사가 적극적으로 수업에 활용하는 지점까지 나아갑니다.

물론 학생들이 만든 모든 질문들이 수업에 선택되거나 활용되지는 않습니다. 그러나 그 질문들 중에는 교사가 수업 중에 학생들에게 던지는 다양한 질문들—학습 질문, 징검다리 질문, 본질 질문, 적용 질문 등—과 유사한 질문들이 있습니다. 교사는 이런 질문들을 수업에 적극적으로 활용해야 합니다. 이때 한 학생이 만든 질문만을 고집할 필요는 없습니다. 두 명 혹은 그 이상의 학생들이 만든 질문을 서로 병합하거나 교사가 만든 질문과 서로 엮어서 활용해도 됩니다.

예컨대, 본 차시의 학습 질문이 '태양계의 의미와 구성요소를 알아볼까요?'였습니다. 그런데 교사가 제시한 학습 질문과 똑같은 질문을 만든 학생은 없었습니다. 그러나 많은 학생이 태양계의 구성요소와 관련한 질문을 던졌습니다. 그리고 일부 학생은 '태양계란 무엇인가?'에 대한 질문을 던졌습니다. 이런 경우에는 두 가지 질문을 서로 연결해서 하나의 질문으로 만들어 제시할 수 있습니다. 이를테면 학생들이 만든 '태양도 태양계 구성원일까?'라는 질문과 '태양과 주위 행성을 왜 태양계라고 할까?'라는 두 질문을 서로 연결합니다. 그런데 잘 보시면, 이렇게 연결한 두 질문이 교사가 제시한 학습 질문—곧 '태양계의 의미와 구성요소를 알아볼까요?'—과 깊은 관련이 있다는 것을 알 수 있습니다.

질문이 넘치는 수업에서는 교사가 수업 단계별로 제시해야 할 질문들을 미리 계획해야 합니다. 학생들이 만든 질문들 중에는 교사가 만든 질문들과 유사하거나 맥락이 닿아 있는 질문들이 많이 있습니다. 그런 경우에 교사는 자신이 만든 질문을 염두에 두면서, 학생들이 만든 질문을 서로 연결하여 수업 단계별 질문을 계획해야 합니다. 즉, 교사는 수업 단계별로 필요한 몇 가지 질문을 미리 구상하여 수업에 들어가야 합니다. 학생들이 만든 질문 중에 자신이 만든 질문과 유사하거나 의미가 통하는 질문이 있으면, 그것들을 잘 연결하여 질문으로 제시하면 오히려 학생들의 반응 및 수업 효과가 훨씬 더 높아집니다.

징검다리 질문을 던지자

일반적인 수업에서도 학습 문제를 해결하기 위한 다양한 활동들 ―활동 1, 2, 3 등― 이 있습니다. 마찬가지로 질문이 넘치는 수업에서도 이러한 활동과 비견할 수 있는 질문들이 있습니다. 이를테면, 징검다리 질문과 본질 질문, 적용 질문이 바로 그것입니다.

그리고 질문이 넘치는 수업에서는 학습 질문을 해결하기 위해 1~2가지 정도의 징검다리 질문을 던집니다. 전술한 바와 같이, 징검다리 질문은 일반적인 수업 형태와 비교하자면, 활동 1에 해당한다고 볼 수 있습니다. 따라서 징검다리 질문은 학습 질문 해결에 가장 기본적이고 중요한 요소이자 열쇠가 되는 질문입니다.

그렇다면 '태양계의 의미와 구성요소를 알아볼까요?'라는 학습 문제를 해결하기 위해서 가장 먼저 던져야 할 징검다리 질문은 무엇일까요? 저는 '태양계를 태양의 영향을 받는 천체라고 하는 것은 무슨 뜻일까요?'라는 징검다리 질문을 던졌습니다. 이 질문은 학습 질문에서 제시한 '태양계의 의미'에 대해 알아보는 질문입니다.

교과서를 보면, 태양계의 의미를 '태양의 영향을 받는 천체'라고 정의하고 있습니다. 따라서 본 차시에서 학생들이 확실히 이해해야 할 중요한 학습 내용은 바로 태양계의 구성 요소입니다. 그것을 제대로 이해하기 위해서는 반드시 태양계의 구성요소가 되기 위한 전제 조건이 무엇인지를 알아야 합니다.

그런데 학생들에게 '태양의 영향을 받는 천체'가 무엇을 의미하는지 물어보면, 거의 대부분의 학생들이 모르거나 다음과 같은 오개념을 갖고 있습니다. 즉, 많은 학생이 태양계의 의미를 '태양빛을 받는 천체'라고 생각합니다. 그래서 태양계란 '태양빛이 미치는 공간'이라는 오개념을 갖고 있습니다. 하지만 태양계란 태양빛이 미치는 공간을 말하는 것이 아닙니다.

태양계의 구성요소를 제대로 이해하기 위해서는 반드시 태양계의 의미, 곧 '태양의 영향을 받는 천체'가 무엇을 의미하는지 알아야합니다. 왜냐하면 그것이 태양계에 속하는 천체와 그렇지 않는 천체를 명확하게 구별할 수 있는 중요한 단서가 되기 때문입니다. 그래서 저는 학습 질문을 해결하기 위한 첫 번째 징검다리 질문으로 '태양의 영향을 받는 천체가 무슨 의미일까요?'라고 제시했습니다. 그리고 다양한 배움 대화를 통해 학생들 스스로 이 징검다리 질문을 해결하도록 안내하였습니다.

징검다리 질문 해결의 단서, 교과서에서 찾아보자

'태양의 영향을 받는 천체'가 무엇을 의미하는지 해결하는 가장 중요한 열쇠는 교과서에 실린 그림 자료를 잘 분석하는 것입니다. 그런데 실제 수업을 해 보면, 의외로 많은 학생이 이 문제를 해결하는데에 어려움을 겪습니다. 그래서 내심 당황하고 막막해하는 경우를 보게 됩니다. 이런 경우, 교사는 학생들에게 교과서에 나와 있는 몇 가지 단서를 제공해 줄 필요가 있습니다. 교과서에는 태양계의 구성원을 담은 그림이 다음과 같이 제시되어 있습니다.

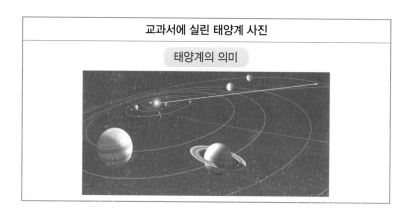

교과서에 실린 태양계 사진

태양계의 의미

이 그림을 보면, 여러 천체들이 태양을 중심으로 돌고 있다는 사실을 확실할 수 있습니다. 그럼에도 학생들은 태양계를 태양빛이 미치는 공간으로 오해합니다. 학생들에게 그 이유를 물어보면, 주로 다음과 같은 말을 합니다. 이를테면 교과서 그림을 보면, 태양빛이 여러 천체들을 향하여 발사되는 것을 보게 됩니다. 그래서 학생들은 '태양의 영향을 받는 천체'의 의미를 태양빛이 미치는 공간과 관련시킵니다.

그런데 이 수업과 관련하여 학생들이 흔히 갖는 오개념이 있습니다. 그것은 태양을 도는 여러 천체들의 궤도와 관련한 것입니다. 학생들은 태양 주위를 도는 천체들이 실제로 저런 궤도를 그리면서 돈다고 오해합니다. 이런 오해는 교과서 그림이 오히려 학생들에게 그런 오개념을 심어주는 역할을 했다고 볼 수 있습니다.

이처럼 학생들은 태양계에 대한 그림 자료가 교과서에 제시되어 있음에도 불구하고 '태양의 영향을 받는 천체'에 대한 의미를 명확하게 이해하지 못합니다. 이런 경우, 교사는 학생들이 갖고 있는 오개넘을 파악하고, 다시 교과서 그림을 잘 분석해 보라고 격려해야 합니다. 또한 필요하다면 문제 해결에 유용한 몇 가지 단서, 곧 추가적인 자료를 제공할 필요도 있습니다. 그래서 저는 과학 사이트 '사이언스 레벨업'에 실린 태양계와 관련 AR(Augmented Reality, 증강현실)을 학생들에게 제공했습니다. 이 자료는 실제로 여러 천체가 태양 주위를 돌고 있는 장면을 생생하게 보여 주고 있습니다. AR을 본 학생들은 여기저기에서 '태양의 영향을 받는 천체'가 무엇을 의미하는지 제대로 이해했다는 반응을 보입니다.

(TIP) 과학 수업에 활용할 수 있는 사이트

혹시 '사이언스 레벨업'이라고 하는 사이트를 들어보셨습니까? 과학에 관한 많은 정보를 담고 있는 유익한 사이트입니다. 주로 AR(Augmented Reality, 증강현실)과 VR(Virtual Reality, 가상현실)과 관련한 자료들이 많이 탑재되어 있습니다. 저는 이 사이트에서 과학수업과 관련한 유용한 과학 정보나 자료를 많이 얻는 편입니다.

특히 이 사이트에서 찾은 태양계와 관련한 AR은 학생들로 하여금 '태양계가 태양의 영향을 받는다는 천체'라는 것이 무엇을 의미하는지 명확하게 이해할 수 있도록 많은 도움을 주었습니다. 교과서에는 그림 자료로 제시되어 있지만, AR에서는 태양계를 중심으로 여러 천체들이 움직이는 동영상 자료가 나옵니다. 이 자료가 학생들이 태양계의 의미를 이해하는 데에 훨씬 더 유용한 자료가 될 수 있습니다.

교사가 제시한 첫 번째 징검다리 질문이 해결되고 나면, 다음과 같은 몇 가지 추가적인 유익이 수반된다는 것을 확인할 수 있습니다. 그것은 학생들이 만든 몇 가지 질문들이 곧바로 해결된다는 것입니다. 예컨대, 학생들이 만든 질문들 중에 '별은 왜 태양계에 속하지 않

을까? 별도 태양계에 포함시켜도 될 텐데 왜 분리했을까?'라는 질문이 있었습니다. 이 질문들은 태양계에 속한 천체들은 반드시 태양을 중심으로 돌아야 한다는 사실을 알면 쉽게 해결됩니다. 즉, 별은 밤하늘에서 쉽게 볼 수 있는 천체이지만, 태양을 중심으로 돌지 않기 때문에 태양계에 속하지 않는다는 사실을 학생들 스스로 파악하게 됩니다. 여러분은 이제 징검다리 질문이 어떤 역할을 하시는지 아시겠습니까? 이렇게 질문이 넘치는 수업에서는 교사가 학생들에게 던지는 질문 하나하나가 학생들의 문제 해결에 중요한 역할을 합니다.

본질 질문을 던지자

본질 질문은 그 이름에서도 알 수 있듯이, 학습 질문과 가장 깊은 관련이 있는 질문입니다. 학습 질문이 '태양계의 의미와 구성요소를 알아볼까요?'였습니다. 이 질문에서 가장 중요한 핵심 내용은 태양계가 무엇을 의미하는지를 파악한 후, 태양계를 구성하고 있는 요소를 알아보는 것입니다. 저는 앞서 동기 유발하는 단계에서 태양과 그 구성요소의 관계를 생각하면서 태양계의 천체들을 '태양계 가족'이라고 명명했습니다. 그리고 학생들은 징검다리 질문을 통해서 왜 그런지를 확인했습니다. 이를테면 태양계 가족이 되려면 반드시 태양 주위를 돌아야 하기 때문입니다.

이러한 사실을 바탕으로 학습 질문을 해결하기 위해서 가장 중요하고도 본질적인 내용에 해당하는 본질 질문을 구성해야 합니다. 그래서 저는 '태양계의 구성 요소에는 어떤 천체들이 있을까요?'라는 본질 질문을 제시했습니다. 이 문제를 해결하기 위해서도 교과서에 제시된 그림과 관련 텍스트를 잘 읽어보고 분석하는 활동이 필요합니다. 교과서에는 태양계의 구성요소로 태양, 행성, 위성, 소행성, 혜성 등을 언급하고 있습니다. 그렇다면 이런 천체들의 공통점은 말할 것도 없이 태양 주위를 돈다는 것입니다.

태양계 구성요소를 구체적으로 살펴보면, 태양을 포함한 몇 가지 행성들이 있습니다. 그리고 위성과 소행성이 있습니다. 그런데 학생들이 만든 질문 중에 '행성과 소행성의 차이점은 무엇인가?'라는 질문이 있었습니다. 본질 질문을 해결하는 과정에서 또 다른 징검다리 질문을 던질 수 있습니다. 예컨대, 그렇다면 행성과 소행성의 차이점은 무엇인가? 즉, 두 천체 모두 태양계 가족이니까 태양을 중심으로 돈다는 것은 확실합니다. 그런데 왜 어떤 천체는 행성이라고 하고, 어떤 천체는 소행성이라고 하는가? 라는 질문을 던질 수 있습니다.

이 질문을 짝 대화 혹은 모둠 대화를 통해서 해결하게 하면, 제 경험상 한 반에 한두 명 정도 이해하는 학생들이 있습니다. 학생들의 대답은 대개 이러합니다. 행성과 소행성의 가장 큰 차이는 '소'자라는 낱말이 의미하듯이, 크기에서 차이가 난다는 것을 짐작했다는 것입니다. 그렇다면 문제는 '그 크기의 기준이 무엇인가?'라는 것입니다. 이때 센스가 있는 일부 학생들은 8개 행성 중에서 가장 작은 수성보다 더 작은 행성을 소행성으로 분류한다는 것을 스스로 발견해냅니다. 참 신기하죠? 이처럼 교사는 본질 질문에 대한 해답을 더 잘 이해하고 명확히 해결하는 과정에서 추가적인 징검다리 질문을 제시하여 더 깊은 학습으로 나아갈 수 있습니다.

지금까지 살펴본 바와 같이, 본질 질문을 해결하기 위한 단서도 교과서에 잘 제시되어 있다는 것을 확인할 수 있습니다. 즉, 그림 자료나 텍스트 내용을 잘 분석하면, 태양계 구성 요소가 크게 5가지로 제시되어 있다는 것을 확실할 수 있습니다. 이를테면, 행성(8개), 소행성, 달(위성), 혜성 등이 바로 그것입니다. 그런데 중요한 천체 하나가 빠졌다는 것을 감지하셨습니까? 무엇일까요? 바로 태양입니다. 태양계라는 말에서도 알 수 있듯이, 태양계란 태양을 당연히 포함하는 천체를 말합니다.

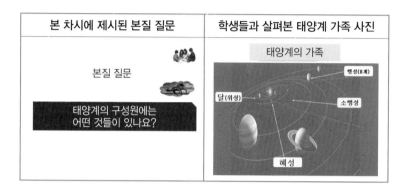

본 차시에 제시된 본질 질문	학생들과 살펴본 태양계 가족 사진
본질 질문 태양계의 구성원에는 어떤 것들이 있나요?	태양계의 가족 행성(8개) 달(위성) 소행성 혜성

본질 질문까지 해결하고 나면, 학생들이 만든 질문 중에 상당수가 해결됩니다. 예컨대, 어떤 학생이 만든 질문 중에 '태양계에서 엄마 역할을 하는 것은 무엇일까?'라는 질문이 있었습니다. 태양도 태양계에 속한다는 사실을 확인한 학생들은 '아, 태양계에서 엄마 역할을 하는 천체는 바로 태양이구나!'라는 사실을 자연스럽게 깨닫게 됩니다. 또한 본질 질문을 해결하는 과정에서 '달도 태양계의 가족일까? 태양도 태양계 구성원일까?' 라는 질문도 자연스럽게 해결됩니다.

이처럼, 질문이 넘치는 수업은 다음과 같은 장점이 있습니다. 비록 모든 학생들이 만든 질문들이 징검다리 질문, 본질 질문으로 채택되지 않는다고 하더라도, 교사가 제시한 질문들을 차례대로 해결하는 과정에서 그들의 호기심과 질문들이 자연스럽게 해결되는 것을 보게 됩니다. 학습하는 과정에서 그들이 애초에 품었던 수많은 의문점들이 풀리게 되는 것입니다.

　그런데 한 학생이 만든 질문 중에 '달은 무엇으로 부를까?'라는 질문이 있었습니다. 달은 위성이라고 부릅니다. '그렇다면 위성이 뭘까?' 라는 질문으로 계속 꼬리에 꼬리를 물고 질문이 이어집니다. 교과서에 제시된 그림을 보면, 달이 지구 주위를 도는 것을 볼 수 있습니다. 위성은 바로 지구와 같은 행성 주위를 도는 천체를 말합니다. 따라서 학생들은 달도 태양계 가족이니까, 당연히 달을 포함한 모든 위성들도 행성 주위를 돌면서 동시에 태양을 돈다는 사실을 이해하게 됩니다. 이와 같이 학생들이 만든 질문들은 본질 질문과 가장 많이 관련됩니다. 그러므로 본질 질문을 해결하는 과정에서 학생들이 만든 상당수의 질문들이 해결되는 것을 확인할 수가 있습니다.

적용 질문을 던지자

　일반적인 수업 형태에서도 보통 2~3개의 활동을 합니다. 이 활동들을 질문 있는 수업의 질문들과 비교해서 말해 보면, 3개의 활동 중에 1개는 징검다리 질문과 관련된다고 볼 수 있습니다. 그러면 나머지 2개는 본질 질문 및 적용 질문과 관련되겠지요? 아마 일반적인 수업 형태의 활동 3개 중에 학습 문제와 가장 밀접한 관련이 있는 학습 활동은 '활동 2'일 것입니다. 물론 수업의 흐름과 맥락, 교사의 선호도에 따라서 '활동 3'이 될 수도 있습니다. 그러나 일반적으로 '활동 2'에 가장 무게중심을 두고 수업을 진행합니다.

　이를 등산으로 비유하여 설명하면, '활동 1'은 정상을 오르기 위해 필요한 준비물 및 전략과 전술을 확인하고 서서히 힘을 내면서 올라가는 단계로 볼 수 있습니다. 그리고 '활동 2'는 가용 가능한 모든 전술과 전략을 다 동원하고 온 힘을 쏟아부어 정상에 올라서는 단계입니다. 따라서 이 단계에서 학생들은 이전에 경험하지 못했던 새로운 세계를 보면서 그 기쁨과 감격을 마음껏 즐기게 됩니다. 그리고 '활동 3'은 방금 전에 누렸던 그 기쁨과 감격을 서로 얘기하면서 그 여운과 감동을 나누고 공유하는 가운데 정상에서 서서히 내려오는 단계로 볼 수 있습니다. 즉, '활동 3'은 모든 학습 활동을 한 후에 새롭게 보고 깨달은 내용을 서로 공유하며 나누는 활동으로 볼 수 있습니다. 따라서 질문이 넘치는 수업에서 적용 질문은 '활동 3'에 해당한다고 볼 수 있습니다. 적용 질문은 본질 질문을 통해 새롭게 깨닫고 알게 된 내용을 다각도로 적용하고 심화하며 나누는 질문이라고 할 수 있습니다. 그래서 저는 '태양계의 구성원에는 어떤 것들이 있나요?'라는 본질 질문에 이어 다음과 같은 적용 질문을 제시했습니다.

'태양을 도는 지구(행성)와 달(위성)을 몸으로 표현해 볼까요?'

왜냐하면 학생들이 지금까지의 학습 활동을 통해 깨닫고 알게 된 내용을 몸으로 직접 표현하고 적용해 보는 것은 학습 내용을 더욱 심화하고 내면화하는 효과가 있기 때문입니다. 그리고 이를 통해 교사는 학생들이 학습 내용을 제대로 이해했는지 명확하게 확인할 수도―또한 오류 및 오개념 등―있습니다. 특히 지구와 달의 움직임을 몸으로 표현해 보는 활동은 달(위성)이 왜 태양계 가족에 속하는지를 분명히 알 수 있는 기회가 되기도 합니다.

물론 학생들이 이 적용 질문을 해결하기 위해서는 모둠 활동이 적절합니다. 왜냐하면 지구와 달의 움직임을 몸으로 표현하기 위해서는 태양, 달, 지구 등 최소한 3명 이상의 인원이 필요하기 때문입니다. 이러한 활동을 통해 학생들은 달(위성)은 지구의 주위를 돌면서도 동시에 태양 주위를 돈다는 것을 눈으로 직접 확인할 수 있습니다. 그래서 달(위성)도 태양계 가족이라는 사실을 명확하게 이해하게 되는 것입니다. 제 수업의 경우에 적용 질문은 주로 몸으로 표현하는 활동이나 혹은 배운 내용을 학생들의 삶에 직접 적용하는 실천적인 질문이 많습니다.

저는 학생들이 모둠 활동을 할 때, 각 모둠마다 어떤 의견과 생각들이 오가는지 반드시 확인하는 편입니다. 예컨대, '태양을 도는 지구(행성)와 달(위성)을 몸으로 표현해 볼까요?'라는 적용 질문도 마찬가지입니다. 저는 각 모둠을 돌면서—위 활동을 위해서는 과학실이나 복도, 근처의 공터를 이용함—모둠마다 어떻게 몸으로 표현하는지 세심하게 확인합니다.

그리고 모둠 활동을 발표할 때는 의도적으로 오류가 있는 모둠부터 먼저 하게 합니다. 그렇게 하면, 교사가 굳이 나서서 피드백을 하지 않더라도, 학생들 스스로 서로 피드백을 합니다. 이를테면 자신들의 모둠과 다른 표현을 하거나 오류가 발견된 모둠을 보고 자기 모둠이 제대로 해 보겠다고 나서는 경우를 보게 됩니다. 그때 교사는 그 모둠을 나오게 해서 활동을 하게 하거나 발표를 시킵니다. 이러한 과정을 통해서 교사는 학생들 스스로 주어진 질문에 대한 답을 찾아가도록 합니다. 이렇게 하면 수업이 훨씬 더 역동적이고 활력이 넘치는 것을 보게 됩니다.

〈모둠별로 발표하는 모습〉

수업의 정리는 이렇게 해요

〈정리 부분과 교수 · 학습 활동〉

단 계	학 습 내 용	교수 · 학습 활동	자료(♠), 유의점(※), 인성요소(인), 핵심역량(핵), 활동유형(활)
탐색결과 정리	학습내용 정리	■ 친구들과 함께 만들어가기 ◎ 서로 배운 내용을 임의 짝끼리 설명하면서 나누기 ◎ 태양계 구성원을 노래가사로 만들어 부르기 ◎ 차시 예고하기 • 소행성, 혜성에 대해서 더 알아보기	인 협력, 소통

비주얼씽킹을 통해서 서로 가르치게 하라

비주얼씽킹을 통한 서로 가르치기 활동은 질문이 넘치는 수업의 클라이맥스라고 해도 과언이 아닐 것입니다. 그리고 질문이 넘치는 수업의 가치와 그 의미를 더 상승시키는 가장 중요하고 핵심적인 활동이라고도 할 수 있습니다. 보통 일반 수업 형태에서 정리하는 활동을 보면, 학습 내용에 대한 학생들의 느낀 점을 발표하게 하거나 교사가 학습 내용을 전체적으로 요약하여 제시하는 경우가 많습니다. 그러나 질문이 넘치는 수업에서 비주얼씽킹을 통한 서로 가르치기 활동은 일반적인 수업 형태와 비교하여 다음과 같은 네 가지 측면에서 그 특징을 찾을 수 있습니다.

첫째, 비주얼씽킹을 통한 서로 가르치기 활동은 학생들이 자신의 앎의 수준을 알고 자신의 말과 언어로 친구를 가르치면서 학습 내용을 더욱 내면화하는 기회를 제공합니다. 잘 알다시피, 학습 피라미드에 의하면 자신이 직접 다른 사람을 가르치는 활동은 학습 내용을 가장 오랫동안 기억할 뿐만 아니라, 망각 작용이 더디고 학습 정착률도 가장 높다고 합니다. 이러한 맥락에서 비주얼씽킹을 통한 서로 가르치기 활동은 학습 내용의 내면화뿐만 아니라, 망각을 더디게 하고 그것을 오랫동안 기억하는 데에 가장 효과적인 활동으로 볼 수 있습니다.

〈학습 피라미드〉

둘째, 비주얼씽킹을 통한 서로 가르치기 활동은 학생들이 학습 내용을 제대로 알고 있는지 그렇지 않은지를 명확하게 알 수 있는 중요한 자기 확인 과정이 됩니다. 머리 지식으로만 알고 있다거나 이해했다고 해서 실제로 그것을 알고 있다고 단정 지을 수 없습니다. 왜냐하면 머리 지식으로 아는 것과 그것을 직접 자신의 언어로 표현하는 것은 또 다른 차원의 문제이기 때문입니다. 즉, 학생들은 자신이 알고 있는 것을 실제로 말로 표현하는 과정에서 정말 그것을 알고 있는지를 제대로 분별할 수 있습니다. 따라서 비주얼씽킹을 통한 서로 가르치기 활동은 자신이 제대로 모르는데 알고 있다고 착각하고 있지 않은지의 여부를 명확하게 각인시켜 줍니다. 결국 비주얼씽킹을 통한 서로 가르치기 활동은 소위 메타인지 차원에서도 중요한 활동으로 작용합니다.

셋째, 비주얼씽킹을 통한 서로 가르치기 활동은 각자의 비주얼씽킹 내용이나 생각을 상호 비교할 수 있는 기회를 제공합니다. 이 과정에서 자신의 생각과 다른 경우를 발견하면, 또다시 질문을 던지면서 학습을 이어갑니다. 즉, 상대방에게 왜 그렇게 생각하는지, 왜 그렇게 그렸는지 계속 질문하는 가운데 수업의 양상을 또 다른 배움의 장으로 열어갑니다. 이러한 모습 속에서 학생들은 상호 활발한 피드백을 통해 자신의 이해 수준 및 배움의 지평을 더 확장해 나갑니다. 그리고 종국적으로 서로의 생각과 아이디어를 공유하면서, 이해의 지평을 융합하는 과정을 갖게 됩니다.

넷째, 비주얼씽킹을 통한 서로 가르치기 활동은 상대방의 내용이나 그림을 보면서, 또 다른 배움의 과정을 갖게 합니다. 즉, 자신의 비주얼씽킹과 상대방의 그것을 비교하는 가운데 더 효과적인 공책 정리 방법 및 비주얼씽킹이 무엇인지를 깨닫게 하는 중요한 통로로 작용합니다.

자신이 알고 있는 내용을 일목요연하게 정리하는 과정은 매우 중요합니다. 대체적으로 학업성적이 우수한 학생들의 공책 정리 방법은, 그렇지 않은 학생들에 비해 훨씬 더 체계적이고 논리적이며 일목요연합니다. 그래서 비주얼씽킹을 통한 서로 가르치기 활동은 공책 정리에 자신감이 없거나 부족한 학생들이 나름 효과적인 공책 정리 방법에 대해 터득해가는 시간이 되기도 합니다. 즉, 학생들은 교사가 일일이 지적하지 않아도, 상대방의 비주얼씽킹이나 공책 정리 방법을 보면서 자신의 부족함을 확인하고 채워갑니다.

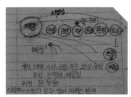

〈학습한 내용을 비주얼씽킹한 그림〉

〈비주얼씽킹한 내용을 서로 가르치는 모습〉

TIP **과학 수업을 인성교육과 연계시켜요**

　교사가 학교에서 해야 할 가장 중요한 업무 중의 하나가 바로 생활지도입니다. 그런데 생활지도에 대한 교사의 부담감과 중압감은 최근 들어 더욱 커지고 있는 상황입니다. 저는 과학 수업을 하면서, 과학에서 발견한 원리 및 법칙, 사실이 인간의 삶에 많은 시사점을 준다는 것을 깨닫게 되었습니다. 예컨대, 과학 5학년 1학기(2. 온도와 열) 부분에 온도가 다른 두 물질이 접촉했을 때 온도 변화에 대해서 알아보는 내용이 나옵니다. 잘 알다시피, 온도가 다른 두 물질이 접촉하면 온도가 높은 부분에서 온도가 낮은 부분으로 열이 이동합니다.

　이 수업을 마치고 학생들에게 이러한 과학적인 사실이나 원리가 우리 삶에 주는 교훈이나 적용점을 찾아보게 했습니다. 여러 가지 대답이 나왔지만, 한 모둠에서 다음과 같은 적용점을 찾아 발표했습니다. 온도가 다른 두 물질이 접촉하면 온도가 높은 부분에서 낮은 부분으로 열이 이동하듯이, 자신들도 다른 사람들에게 무엇인가를 나누어 주는 사람이 되려면 먼저 따뜻한 마음을 가져야 한다는 말을 했습니다.

이처럼 과학적인 원리와 법칙을 활용하여 인성교육뿐만 아니라, 효과적인 생활지도를 할 수 있습니다. 이런 방식의 생활지도와 인성교육은 수업 중에 학습한 내용을 자연스럽게 삶으로 연결시킬 수 있다는 장점이 있습니다.

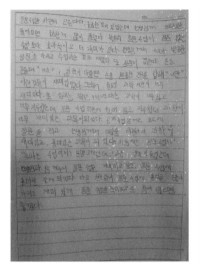 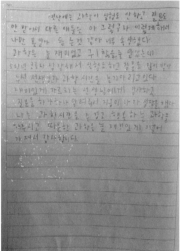

〈질문 수업에 대한 학생들의 반응〉

★ 질문이 넘치는 도덕 수업의 실제

이번에는 '5학년 도덕' 5단원 '갈등을 해결하는 지혜'에서 한 차시를 선정하여, 질문이 넘치는 수업의 전개 과정을 자세히 기술하고자 합니다. 사실 도덕 수업은 동기 유발부터 그리 호락호락하지 않습니다. 그 이유는 다음과 같은 몇 가지 이유에서 찾을 수 있습니다. 하나는 여러 교과에서 차지하는 도덕 교과의 위상과 관련됩니다. 즉, 도덕은 학생들의 삶과 밀접한 관련이 있지만, 대부분의 학생이 생각하는 도덕 교과는 해도 되고 안 해도 되는 그저 그런 교과에 불과하다는 것입니다. 또 하나는 도덕 교과에서 다루는 내용상의 특성―즉 윤리·가치덕목―과 관련됩니다. 말하자면, 학생들에게 도덕 교과에서 다루는 내용은 마치 긴 담뱃대를 물고 흰 수염을 길게 늘어뜨린 백발의 할아버지가 자신들을 훈계하는 듯한 모습으로 비치기 십상입니다. 그래서 학생들도 그 내용들의 당위성과 정당성은 충분히 인정하지만, 그런 내용들이 은근히 자신들의 자유를 제한하고 오히려 얽매고 옥죈다고 느낍니다. 이런 이유 때문에 저는 평소에도 도덕 수업과 관련한 동기 유발은 다른 교과에 비해서 상당히 어렵다는 생각을 자주 하곤 했습니다. 그럼에도 제가 도덕 수업에 주로 활용하는 자료들은 주로 관련 동영상, 그림, 학생들의 삶의 경험, 학급의 생활 모습 등입니다. 그렇지만 그것의 효과 및 유용성은 항상 의문점이 들 때가 많습니다.

〈5학년 도덕과 교수·학습과정안: 5단원 갈등을 해결하는 지혜〉

단계	학습 내용	교수·학습 활동	자료(◆), 유의점(※), 인성요소(인), 핵심역량(핵), 활동유형(활)
동기 유발 및 문제파악	동기 유발 및 생각열기	■ 전시학습 상기 및 동기 유발 ◎ '갈등'과 관련한 여러 가지 문장 제시하기 ◎ 배경지식 활성화 및 문제 만들기 ◎ 아래 쪽과 함께 대화하면서 질문 만들기(2가지 이상) • 질문 모둠판에 질문을 쓰고, 나도, 나만 개임 하기	※ 갈등과 관련된 문장을 제시할 때, 미리 책을 읽게 한다. (활)짝활동(열 짝) (인)배려, 협력 ◆질문노트, 보드판
자유탐색	탐색결과 발표	■ 핵심 질문 제시하기 ♣ 갈등이란 무엇이며 어떻게 해결하면 좋을까요?	※ 학생들이 만든 질문을 중심으로 하되, 없는 경우에는 교사의 질문과 학생들의 질문을 조합하여 제시한다.
교사의 안내에 따른 탐색	생각 넓히기	■ 생각 넓히기 ◎ 징검다리 질문(1): 갈등이란 무엇인가? ◎ 징검다리 질문(2): 아파트에서 충간 소음을 일으킬 수 있는 경우에는 어떤 것들이 있을까요?	♣ 갈등을 나타내는 사진자료 (핵)과학적 의사소통 역량 (활)앉다리 짝 활동
	자료탐색 및 기초탐구	• 충간 소음을 일으킬 수 있는 다양한 갈등 상황 알아보기 ◎ 징검다리 질문(3): 아랫집 어린이 윗집 아이의 편지를 받고 감동을 받은 부분은 무엇이 어디일까요? ◎ 본질 질문: 충간 소음을 줄이기 위한 평화적인 해결방법에는 무엇이 있을까요?	♣◎ ※ 주어진 갈등 상황을 해결하는 과정에서 갈등을 어떻게 해결해 나가느지에 대한 여러 가지 가치를 확인하게 한다. ♣ 윗집 아이와 아랫집 어른이 쓴 편지 내용
	생각 정교화하기	■ 생각 정교화하기 ◎ 적용 질문: 오늘 수업에서 중요한 가치덕목은 무엇일까요? • 가치덕목의 개념을 예를 들어 설명하기 • 친구들과 함께 중요한 가치덕목 찾아 공유하기 ◎ 적용 질문: 자신에게 부족한 가치덕목은? • 자신의 삶을 성찰하면서 부족한 가치덕목 찾아보기	※ 교사는 가치덕목이라는 말을 잘 모르는 학생들을 위해 가치덕목의 개념을 예를 들어 설명한다. ♣ 가치덕목 카드 (인)공감, 협력
탐색결과 정리	학습내용 정리	■ 친구들과 함께 만들어 가기 ◎ 비주얼씽킹을 통해 오늘 학습한 내용을 서로 가르치고 배우기 ◎ 차시 예고하기 • 갈등을 해결하는 올바른 대화법 익히기	♣ 비주얼씽킹 자료 ※ 서로 가르치고 배우면서 갈등이 무엇인지를 명확하게 이해했는지 확인하게 한다. (인)협력, 소통

수업의 도입은 이렇게 해요

단계	학습 내용	교수·학습 활동	자료(♣), 유의점(※), 인성요소(인), 핵심역량(력), 활동유형(활)
동기 유발 및 문제파악	동기 유발 및 생각열기	■ 전시학습 상기 및 동기 유발 ◎ '갈등'과 관련한 여러 가지 문장 제시하기 ◎ 배경지식 활성화 및 질문 만들기 ◎ 어깨 짝과 함께 대화하며 질문 만들기(2가지 이상) • 질문 모듬판에 질문을 적고, 나도, 나만 게임 하기	※ 갈등과 관련된 문장을 제시할 때, 미리 책을 덮게 한다. 활 짝활동(옆 짝) 인 배려, 협력 ♣ 질문노트, 보드판

동기 유발

본 차시는 갈등과 관련한 1차시 부분으로 '갈등을 평화롭게 해결해요'라는 내용을 다룹니다. 동기 유발을 위해 먼저 학생들에게 책을 덮게 한 후에, 책에 나와 있는 '갈등'과 관련한 여러 가지 문장들을 제시했습니다. 그리고 그러한 문장들을 듣고 어떤 단어가 생각나는지 짝 대화를 통해 생각해 보도록 하였습니다. '갈등'과 관련하여 책에 제시된 문장들은 다음과 같습니다.

❶ 사람들이 모이는 곳에 저도 항상 있어요.

❷ 저는 사람과 사람 사이에 있기도 하지만 집단과 집단 사이에도 있어요. 여러분의 마음 속에도 있지요.

❸ 사람들은 저를 피하고 싶어 하지만 저를 잘 해결하면 전보다 더 좋은 결과를 얻기도 해요.

제시된 문장들을 듣고 학생들은 다양한 낱말들을 떠올립니다. 예컨대, 대부분의 학생들은 '싸움, 다툼, 분쟁, 전쟁 등' 주로 부정적인 단어들을 떠올립니다. 반면에 '갈등'이라는 낱말을 금방 떠올리는 학생들은 그리 많지 않습니다. 그럴 때는 '갈등'이라는 단어를 떠올릴 때까지 몇 가지 힌트를 주면서 학생들에게 생각할 기회를 주어야 합니다. 학생들의 입에서 '갈등'이라는 단어가 튀어나올 때까지 말입니다. 예를 들면, '갈등'의 초성을 제시한다거나 '갈등'과 관련하여 교과서에 제시된 칡과 등나무 그림을 제시하면 좋습니다.

책을 분석하면서 질문을 만들자

'갈등'이라는 본 차시 학습 주제를 확인한 학생들은 이제 텍스트를 읽고 분석하며 질문 만드는 활동을 합니다. 이때 관련 내용을 교사와 학생들이 서로 번갈아 가며 읽으면 더 효과적입니다. 즉, 처음에는 교사와 학생들이 한 문장씩 번갈아 읽다가, 점차 익숙해지면 짝끼리 한 문장씩 번갈아 읽게 하면 좋습니다. 번갈아 읽는 활동을 통하여 책의 주요 내용을 파악한 학생들은 텍스트와의 대화를 통해 자신만의 질문을 만듭니다. 다음은 학생들이 만든 질문의 예입니다.

? 학생들이 만든 질문들

- 아파트에 모여 살면서 생긴 여러 문제들은 어떤 것들이 있을까?
- 왜 윗집 아이는 아랫집 이웃에게 편지를 썼을까?
- 왜 갈등을 말하는데 칡과 등나무가 나오는 것일까?
- 층간 소음을 줄이기 위해서 윗집에서 할 수 있는 일은 어떤 것이 있을까?
- 왜 갈등을 해결하면 더 좋은 결과가 있을까?

- 층간 소음이란 무엇인가?
- 아랫집 이웃은 윗집에서 층간 소음으로 불편하게 했는데도 왜 가만히 있었을까?
- 층간 소음 문제를 해결할 수 있는 또 다른 방법에는 어떤 것이 있을까?
- 윗집 아이는 주로 언제 쿵쾅쿵쾅 하면서 층간 소음을 냈을까?
- 윗집 아이는 자신이 놀 때 층간 소음이 일어난다는 것을 알고 있었을까 모르고 있었을까?
- 아랫집에서는 층간 소음이 있다고 윗집에게 말했을까, 안했을까?
- 윗집 아이는 층간 소음을 겪고 있지 않을까?

학생들이 만든 질문들 중에서 몇 가지 특징적인 질문을 발견할 수 있습니다. 예컨대, '윗집 아이는 층간 소음을 겪고 있지 않을까?'라는 질문입니다. 사실 본 차시 내용은 윗집에 사는 아이가 층간 소음 때문에 아랫집에 사는 이웃에게 피해를 주는 상황입니다. 그런데 이 질문은 윗집 아이도 그 윗집으로부터 층간 소음 피해를 겪을 수 있다는 것을 짐작하고 던진 매우 의미 있는 질문입니다. 이 질문이 의미 있는 이유는, 층간 소음 문제뿐만 아니라, 갈등이 발생하는 거의 모든 문제는 다른 사람의 입장에서 그 상황과 문제를 생각해 보는 '역지사지(易地思之)'가 필요하기 때문입니다.

또한 '왜 갈등을 말하는데 칡과 등나무가 나오는 것일까?'라는 질문도 갈등이라는 단어를 이해하는데 매우 중요한 질문입니다. 이런 질문들은 교사가 수업시간에 학생들과 함께 고민해 볼 수 있는 의미 있는 질문들입니다.

이처럼 학생들이 만든 질문은 매우 다양하기에 교사는 효과적인 배움 대화를 위해 이러한 질문들을 분류할 필요가 있습니다. 저는

학생들의 질문들을 분석하면서, 다음과 같은 세 가지 종류의 질문들
—곧 사실 관련 질문, 의견 관련 질문, 해결책 관련 질문 등—로 분류
하였습니다. 그리고 교사는 학생들이 만든 질문을 모둠별, 학급 전
체별로 공유한 후에 본격적인 수업에 들어갑니다.

이처럼 질문이 넘치는 수업은 본격적인 수업에 들어가기 전의 활
동이 조금 복잡할 뿐만 아니라, 그 시간도 충분히 확보되어야 합니

사실 관련 질문(사실 질문)	의견 관련 질문(해석 질문)	해결책 관련 질문(적용 질문)
• 왜 갈등을 말하는데 칡과 등나무가 나오는 것일까? • 층간 소음이란 무엇인가?	• 아파트에 모여 살면서 생긴 여러 문제들은 어떤 것들이 있을까? • 왜 윗집 아이는 아랫집 이웃에게 편지를 썼을까? • 왜 갈등을 해결하면 더 좋은 결과가 있을까? • 아랫집 이웃은 윗집에서 층간 소음으로 불편하게 했는데도 왜 가만히 있었을까? • 윗집 아이는 주로 언제 쿵쾅쿵쾅 하면서 층간 소음을 냈을까? • 윗집 아이는 자신이 놀 때 층간 소음이 일어난다는 것을 알고 있었을까, 아니면 모르고 있었을까? • 아랫집에서는 층간 소음이 있다고 윗집에게 말했을까, 안 했을까? • 윗집 아이는 층간 소음을 겪고 있지 않을까?	• 층간 소음을 줄이기 위해서 윗집에서 할 수 있는 일은 어떤 것이 있을까? • 편지 외에 층간 소음 문제를 해결할 수 있는 방법에는 어떤 것이 있을까?

다. 그러나 질문이 넘치는 수업에서는 이러한 활동이 교사와 학생들 모두에게 매우 중요하고 반드시 필요한 시간입니다. 왜냐하면 학생들에게 이 시간은 자신들의 호기심과 의문점들을 충분한 발산할 수 있는 양질의 질문을 만드는 기회가 되기 때문입니다. 그리고 교사에게 이 시간은 학생들의 지적 호기심과 관심도를 파악할 수 있는 기회가 되기 때문입니다. 또한 학생들의 질문을 어떻게 수업에 잘 활용하여 배움이 일어나는 수업으로 발전시킬 수 있을지 숙고하는 시간이 되기도 합니다.

수업의 전개는 이렇게 해요

〈전개 부분과 교수 · 학습 활동〉

단계	학습 내용	교수 · 학습 활동	자료(♠), 유의점(※), 인성요소(인), 핵심역량(역), 활동유형(활)
자유탐색	핵심질문 확인	■ 학습 질문 제시하기 ♣ 갈등이란 무엇이며 어떻게 해결 하면 좋을까요?	※학생들이 만든 질문을 중심으로 하되, 없는 경우에는 교사의 질 문과 학생들의 질문을 조합하여 제시한다.
탐색결과 발표			
교사의 안내에 따른 탐색	생각 넓히기 자료탐색 및 기초탐구	■ 생각 넓히기 ◎ 징검다리 질문(1): 갈등이란 무엇 인가? ◎ 징검다리 질문(2): 아파트에서 층 간 소음을 일으킬 수 있는 경우에 는 어떤 것들이 있을까요? • 층간 소음을 일으킬 수 있는 다 양한 갈등 상황 알아보기 ◎ 징검다리 질문(3): 아랫집 어른이 윗집 아이의 편지를 받고 감동을 받은 부분이 어디일까요? ◎ 본질 질문: 층간 소음을 줄이기 위 한 평화적인 해결방법에는 무엇 이 있을까요?	♣ 갈등을 나타내는 사진자료 역 과학적 의사소통 역량 활 앞뒤 짝 활동 ♣ 윗집 아이와 아랫집 어른이 쓴 편지 내용 ※주어진 갈등 상황을 해결하는 과정에서 갈등을 어떻게 해결해 나가는지에 대한 여러 가지 중 요한 단서를 확인하게 한다.
	생각 정교화 하기	■ 생각 정교화하기 ◎ 적용 질문: 오늘 수업에서 중요한 가치덕목은 무엇일까요? • 가치덕목의 개념을 예를 들어 설명하기 • 친구들과 함께 중요한 가치덕 목 찾아 공유하기 ◎ 적용 질문: 자신에게 부족한 가치 덕목은? • 자신의 삶을 성찰하면서 부족 한 가치덕목 찾아보기	※교사는 가치덕목이라는 말을 잘 모르는 학생들을 위해 가치덕목 의 개념을 예를 들어 설명한다. ♣ 가치덕목 카드 인 공감, 협력

질문을 공유하는 시간이 끝나면, 이제부터 본격적인 수업이 진행됩니다. 이처럼, 질문이 넘치는 수업은 동기 유발을 한 후에 곧바로 학습 문제를 제시하고 본격적인 활동으로 들어가는 일반적인 수업 형태와 조금 다릅니다. 즉, 질문이 넘치는 수업은 본격적인 교수·학습 활동이 진행되기 전, 질문이 넘치는 수업만의 고유하고 특징적인 활동이 필요합니다.

학습 질문을 던지자

교과서에 제시된 본 차시 학습 문제는 '갈등을 평화롭게 해결해요'입니다. 그런데 질문이 넘치는 수업에서는 질문 형태로 학습 질문을 제시해야 합니다. 따라서 저는 '갈등이란 무엇이며 어떻게 해결하면 좋을까요?'라고 수정하여 제시했습니다. 왜냐하면 본 차시에서 가장 중요한 핵심 단어는 바로 갈등이기 때문입니다. 그러므로 본 차시에서는 이 갈등의 의미를 제대로 이해하는 것이 무엇보다 중요하다고 생각합니다. 그리고 갈등을 해결하는 방법은 다양합니다. 그러나 학생들은 다양한 질문과 배움 대화를 통해 갈등을 해결하는 가장 합리적이고 좋은 방법은 바로 평화롭게 해결하는 것임을 인식해야 합니다.

징검다리 질문을 던지자

전술한 바와 같이 본 차시의 학습 질문은 '갈등이란 무엇이며 어떻게 해결하면 좋을까요?'입니다. 그렇다면 이 문제를 해결하기 위해서 가장 먼저 제시해야 하는 징검다리 질문은 무엇일까요? 저는

'갈등이란 무엇인가?'라고 생각합니다. 그런데 학생들이 만든 질문들 중에 제가 제시한 징검다리 질문과 유사한 질문이 있습니다. 그것은 바로 '왜 갈등을 말하는데 칡과 등나무가 나오는 것일까?'라는 질문입니다. 이 질문은 제가 제시한 징검다리 질문과 동일하지는 않습니다. 그러나 맥락상 유사한 질문입니다. 왜냐하면 갈등이 무엇인지 제대로 이해하기 위해서는 반드시 갈등과 관련한 '칡과 등나무의 관계'를 알아야 하기 때문입니다. 결국 '갈등'이 무엇인지 해결하는 과정에서 이 학생이 던진 질문은 자연스럽게 해결됩니다.

따라서 교사는 이 학생의 질문을 수업에 활용하면 좋습니다. 그리고 교사가 만든 징검다리 질문을 제시하면서 더불어 "○○의 질문도 함께 해결하도록 하겠습니다."라고 하면, 그 학생은 수업에 더욱 적극적으로 참여합니다. 이처럼 학생들이 만든 질문 중에는 교사가 만든 질문과 맥락상 유사한 질문들이 많습니다. 그러므로 질문이 넘치는 수업의 취지와 목적을 제대로 살리기 위해서 교사는 학생들의 그런 질문을 적극적으로 발굴하여 수업에 활용해야 합니다.

'갈등이란 무엇인가?'라는 징검다리 질문을 해결하기 위한 열쇠는 교과서에 실린 그림 자료입니다. 그런데 저는 그 그림과 유사한 사진 자료를 제시했습니다. '갈등'이라는 말을 감춘 다음과 같은 사진입니다.

교사는 이 사진을 보여 주면서 갈등이 무엇인지 학생들 스스로 배움 대화—어깨 짝 혹은 모둠 짝 등—를 통해 해결하도록 안내합니다. 이를 위해 먼저 두 사진을 보면서 생각나는 말을 문장으로 말해 보게 합니다. 충분한 시간이 지난 후에 모든 학생에게 다시 묻습니다. 대부분의 학생은 "큰 나무가 하나 서 있어요." 혹은 "큰 나무를 넝쿨 같은 것이 감고 있어요."라고 반응했습니다. 이때, 교사는 학생들의 말을 받아서, 큰 나무는 등나무이고, 감고 올라가는 나무는 칡이라고 말해 줍니다. 그리고 감추었던 낱말을 보여 주면서, 이것이 바로 '갈등'이라고 말합니다. 결국 학생들은 갈등이란 상대방과 얽히고설킨 복잡한 관계라는 것을 알게 됩니다.

　이런 과정을 통해서 학생들은 갈등의 개념을 확인하고 파악하게 되며, 더 나아가 한자어 '갈등(葛藤)'이 어떻게 유래했는지도 자연스럽게 알게 됩니다. 즉, 학생들은 배움 대화를 통해 스스로 갈등의 개념과 의미를 알아갑니다. 또한 그 과정에서 교사는 학생들을 위한 조력자 역할을 하면서 학생들을 돕고 안내합니다.

추가적인 징검다리 질문을 던지자

사실 '갈등이란 무엇이며 어떻게 해결하면 좋을까요?'라는 학습 질문을 해결하기 위해서는 몇 가지 추가적인 징검다리 질문이 더 필요합니다. 그래서 저는 '아파트에서 층간 소음을 일으킬 수 있는 경우는 어떤 것들이 있을까요?'라는 징검다리 질문을 제시했습니다. 왜냐하면 본 차시에서는 실제로 우리 주변에서 발생할 수 있는 갈등 상황을 어떻게 해결하면 좋은지 알아야 하기 때문입니다. 그런데 그 갈등 상황과 관련하여 교과서에서는 층간 소음 문제를 다루고 있습니다.

짐작컨대, 학생들은 층간 소음이라고 하면 주로 위층에서 어린아이들이 시끄럽게 뛰어다니는 경우만 생각하는 경향이 있습니다. 그러나 실제 층간 소음은 이 외에도 다양한 경우에 발생합니다. 예를 들면, 늦은 시간에 청소기 돌리기, 피아노 치기, 심지어 세탁기 돌리기 등입니다. 그래서 '아파트에서 층간 소음을 일으킬 수 있는 경우는 어떤 것들이 있을까요?'라는 징검다리 질문을 제시한 것입니다.

그런데 학생들은 이 문제를 해결하는 과정에서 중요한 사실들을 인식하게 됩니다. 그것은 층간 소음은 자신을 포함한 모든 가족의 일상적인 삶 속에서 발생한다는 것입니다. 한 걸음 더 나아가, 학생들은 자신들의 자유 및 권리가 오히려 다른 사람들에게 심각한 피해를 줄 수 있다는 생각에까지 이르게 됩니다. 그러면서 층간 소음 문제를 평화롭게 해결할 수 있는 중요한 열쇠를 깨닫습니다. 바로 어떻게 하면 상대방에게 피해를 주지 않는 범위 내에서 자신들의 자유와 권리를 알맞게 행사할 수 있을지에 대한 것입니다.

이렇게 층간 소음 문제를 자유 및 권리 차원으로 계속 이어가다

보면, 학생들은 이런 생각까지 합니다. 이를테면 층간 소음 문제를 줄이기 위해 아랫집이나 혹은 윗집 이웃이 주로 어느 시간대에 아파트에 많이 머무는지 파악해야 한다는 것입니다. 그리고 아무리 개인의 자유와 권리가 중요하다고 하더라도 아파트라는 공동주택의 특성상 서로 간에 반드시 지켜야 할 예절이 있다는 것을 알게 됩니다. 그래서 가급적 늦은 밤이나 잠자리에 드는 시간대에는 이웃에게 피해를 주는 행위를 하지 말아야 한다는 생각을 합니다.

이 수업에서 저는 또 하나의 징검다리 질문을 제시했습니다. 바로 '아랫집 어른이 윗집 아이의 편지를 받고 감동을 받은 부분은 어디일까요?'라는 것입니다. 편지 내용을 좀 더 정확하게 이해하기 위해서 윗집 아이가 아랫집 이웃에게 보낸 편지와 아랫집 이웃이 윗집 아이에게 보낸 편지 내용을 소개하고자 합니다.

<아랫집 이웃에게>
저희 집에서 쿵쾅쿵쾅 소리가 자주 나죠? 혹시 저희가 불편하게 했다면 정말 죄송합니다. 앞으로는 조심하겠습니다.

<윗집 이웃에게>
편지를 읽고 그동안 불편했던 마음이 많이 사라졌어요. 신나게 뛰어다니며 지냈던 저의 어린 시절도 생각이 나네요. 앞으로 서로 배려하면서 지내요.

이 주제로 짝 대화를 하게 하면, 대부분의 학생이 '혹시 저희가 불편하게 했다면 정말 죄송합니다. 앞으로는 조심하겠습니다.'라는 부분을 언급합니다. 사실 간단한 내용이지만, 이 내용 속에는 윗집 아이의 다음과 같은 두 가지 소중한 마음이 고스란히 담겨 있습니다.

하나는 윗집 아이는 자신의 어떤 행동이—곧 쿵쾅쿵쾅하는 소리— 상대방에게 불편한 점을 주었는지 분명히 알고 있다는 것입니다. 그리고 앞으로 어떻게 할 것인지에 대한 분명한 다짐과 각오가 들어있다는 것입니다. 저는 이 부분이 매우 중요하다고 생각합니다. 왜냐하면 이 두 가지 사실 인식은 이웃 간에 발생한 갈등 상황을 어떻게 해결할 수 있는지에 대한 중요한 단서를 던져주기 때문입니다.

본질 질문을 던지자

몇 가지 징검다리 질문들을 통해 갈등의 개념을 살펴보았습니다. 이 과정에서 징검다리 질문 다음에 해결해야 하는 본질 질문을 위한 몇 가지 중요한 주제도 자연스럽게 다루었습니다. 그러므로 교사는 이제 본질 질문을 제시해야 합니다. 본질 질문은 학습 질문을 해결하기 위한 가장 구체적이고 본질적인 질문입니다.

앞에서 전술한 바와 같이, 본 차시의 학습 질문은 '갈등이란 무엇이며 어떻게 해결하면 좋을까요?'입니다. 그래서 저는 이 학습 질문을 해결하기 위한 구체적이고 실질적인 본질 질문을 다음과 같이 제시했습니다. 바로 '층간 소음 문제를 줄이기 위한 평화적인 해결 방법에는 어떤 것들이 있을까요?'라는 것입니다.

사실 저는 '어떻게 하면 층간 소음 문제를 평화적으로 해결할 수 있을까?'라는 생각을 본질 질문으로 계획하고 수업에 들어갔습니다. 그런데 학생들이 만든 질문 중에 '층간 소음을 줄이기 위해 윗집에서 할 수 있는 일은 무엇인가?'라는 질문이 있었습니다. 그래서 학생이 만든 질문과 제가 만든 질문을 병합하여 '층간 소음을 줄이기 위한 평화적인 해결 방법에는 무엇이 있을까요?'라고 수정하여 본질 질문으로 제시한 것입니다.

이처럼 교사는 수업에 들어가기 전에 교육과정 및 교과서를 면밀히 분석하여 수업 단계별 질문들을 미리 준비해야 합니다. 그러나 제가 제시한 본질 질문처럼 학생들이 만든 질문들 중에 교사가 만든 질문과 유사하거나 맥락이 맞닿아 있는 질문이 있으면 그것을 병합하여 제시할 수도 있습니다.

주지하다시피, '층간 소음 문제를 줄이기 위한 평화적인 해결 방법에는 무엇이 있을까요?'라는 본질 질문의 방점은 '평화적인 해결 방법'입니다. 그런데 이 질문을 제대로 해결하기 위해서는 앞에서 다루었던 징검다리 질문에 대한 내용을 상기해야 합니다. 학생들은 이미 징검다리 질문을 통해 층간 소음을 일으키는 다양한 상황들을 살폈습니다. 무엇보다도 이러한 여러 가지 상황들은 개인의 자유와 권리 행사 차원에서 마땅히 할 수 있는 일상적인 생활에 해당합니다. 그러나 동시에 그것이 상대방에게는 상처와 피해를 줄 수 있습니다.

또한 '아랫집 어른이 윗집 아이의 편지 내용에서 감동을 받은 부분은 어느 곳일까요?'라는 징검다리 질문을 통해서 학생들은 다음과 같은 내용을 깨달을 수 있었습니다. 이를테면 갈등 상황을 합리적으로 해결하기 위해서는 먼저 자신의 어떤 행동이 상대방에게 불편을 주는지 분명히 알아야 한다는 것입니다. 그리고 그런 행동을 고치기 위해서 자신이 앞으로 어떻게 해야 하는지에 대한 분명한 다짐과 각오가 있어야 한다는 것입니다. 따라서 교사는 앞에서 살폈던 징검다리 질문 내용을 다시 상기하면서, 학생들에게 층간 소음 문제를 줄이기 위한 평화적인 해결 방법에는 어떤 것들이 있을지 고민하도록 안내해야 합니다.

이 본질 질문에는 두 가지 의미심장한 내용이 내포되어 있습니다. 하나는 평화적인 해결방법을 파악하기 위한 방법적인 측면입니다. 그리고 다른 한 가지는 상대방에게 마음의 상처나 피해를 주지 않으면서 어떻게 자신의 자유와 권리를 지혜롭게 행사할 것인가에 대한 자유 및 권리 행사 측면입니다. 학생들은 이 두 가지 측면 모두 이미 징검다리 질문을 통해 대략적으로 파악했습니다. 그래서 이 문제는 그리 어렵지 않게 해결하는 것을 볼 수 있습니다. 즉, 학생들은 전자의 질문에 대한 해결책으로 교과서에 제시된 것처럼 편지 쓰기, 서로 왕래하면서 대화하기, 서로 초대하기, 선물하기 등 다양한 반응을 보입니다. 그리고 후자의 질문에 대한 해결책으로 이러한 개인의 자유 및 활동들―청소, 피아노 치기, 세탁기 돌리기, 음악 듣기 등―을 상대방에게 피해를 주지 않는 범위 내에서 행사해야 한다고 말합니다. 그래서 상대방이 주로 없는 시간대를 고려하거나 늦은 밤이나 잠을 자야 하는 시간대는 피해야 한다고 말합니다. 본질 질문을 해결하고 나면, 학생들이 만든 상당수의 질문들이 자연스럽게 해결되는 것을 보게 됩니다.

이처럼 질문이 넘치는 수업을 진행하다 보면, 비록 학생들이 만든 질문들이 직접적으로 교사가 제시하는 징검다리 질문, 본질 질문으로 채택되지 않았다고 하더라도, 그것을 해결하는 과정에서 자연스럽게 해결되는 것을 보게 됩니다. 교사는 수업 상황에 따라 자신이 미리 계획한 질문과 학생들이 만든 질문들을 효과적으로 병합하여 수업을 진행할 수 있기 때문입니다. 따라서 이런 식의 수업 진행은 학생들의 참여와 관심도를 증가시킬 뿐만 아니라, 학습 내용과 관련한 그들의 내적 호기심을 충족시키고자 하는 질문이 넘치는 수업의 본래 취지와도 부합됩니다.

적용 질문을 던지자

이제 질문이 넘치는 수업에서 교사가 제시해야 할 마지막 질문이 남았습니다. 그것은 바로 적용 질문입니다. 저는 다음과 같은 두 가지 적용 질문을 제시했습니다. 하나는 '오늘 수업에서 중요한 가치 덕목은 무엇일까요?'이고, 다른 하나는 '자신에게 부족한 가치덕목은 무엇인가요?'입니다. 두 가지 적용 질문에 공통적으로 등장하는 단어가 바로 '가치덕목'입니다. 교사는 가치덕목이라는 낱말을 잘 모르는 학생들을 위해서 이에 대한 추가적인 설명을 할 필요가 있습니다. 이 과정에서 가치덕목에 대한 개념을 직접 말할 수도 있지만, 이와 관련한 구체적인 예를 들면 학생들의 이해도가 더 높아집니다.

예컨대, 하굣길에 갑자기 내리는 비를 그냥 맞고 가는 한 학생을 생각해 봅시다. 그때 같은 반 친구가 와서 "우산을 같이 쓰고 가자."라고 했다면, 우리는 그 친구에게서 어떤 마음을 발견할 수 있을까요? 학생들에게 물어보면, 대부분의 학생이 배려, 사랑, 봉사, 희생, 도움 등 다양한 낱말들을 제시합니다. 그러면 교사는 이러한 낱말들이 우산을 같이 쓰고 가자고 말한 그 학생에게서 찾을 수 있는 중요한 가치덕목들이라고 설명해 줍니다.

이렇게 가치덕목의 의미를 파악한 후에, 저는 짝 대화를 통해서 오늘 학습 내용—층간 소음이라는 갈등 상황을 평화적으로 해결할 수 있는 방법들—에서 찾을 수 있는 가치덕목을 생각해 보도록 했습니다. 그리고 모둠 대화를 통해 자신들이 찾은 그 가치덕목을 다른 모둠 친구들과 공유하도록 했습니다. 그리고 그렇게 생각한 이유가 무엇인지도 함께 말해 보도록 안내했습니다.

이때 교사는 가치덕목 카드를 활용하면 좋습니다. 왜냐하면 학생들의 수준에서 생각할 수 있는 가치덕목의 종류는 한정되어 있기 때문입니다. 그래서 가치덕목 카드를 이용하면 훨씬 다양한 가치덕목을 찾을 수 있습니다.

수업의 정리는 이렇게 해요

〈정리 부분과 교수·학습 활동〉

단계	학습 내용	교수·학습 활동	자료(♠), 유의점(※), 인성요소(國), 핵심역량(國), 활동유형(國)
탐색결과 정리	학습내용 정리	■ 친구들과 함께 만들어 가기 ◎ 비주얼씽킹을 통해 오늘 학 습한 내용을 서로 가르치고 배우기 ◎ 차시 예고하기 • 갈등을 해결하는 올바른 대화법 익히기	♣ 비주얼씽킹 자료 ※ 서로 가르치고 배우면서 갈등이 무엇인지를 명확하게 이해했는지 확인하게 한다. 國 협력, 소통

비주얼씽킹을 통해서 서로 가르치고 소통하게 하라

혹자는 도덕 수업에서 '비주얼씽킹을 통해 서로 가르치는 활동이 굳이 필요한가?'라는 생각을 하실 수 있습니다. 저도 그런 생각에 일정 부분 동의합니다. 도덕 수업은 주로 어떤 주제나 질문에 대해 요약·정리하기보다는 오히려 자신의 생각이나 의견을 서로 주고받는 활동이 많기 때문입니다. 또한 도덕은 다른 교과에 비해 본 차시의 핵심 내용을 비주얼씽킹으로 정리하기가 쉽지 않은 측면노 있습니다. 그럼에도 도덕 수업에서도 차시별 내용 및 성격에 따라 비주얼씽킹을 통해 서로 가르치고 공유하는 시간이 유용할 때가 있습니다.

예컨대, 도덕 수업에서 1차시는 주로 중요한 개념―본 차시에서는 갈등이 중요한 개념으로 제시됨―을 다루는 경우가 많습니다. 그리고 아파트 혹은 공동체 생활을 하면서 겪을 수 있는 다양한 갈등의 양상도 알아야 합니다. 이러한 이유 때문에 저는 본 차시 학습 내용을 비주얼씽킹으로 정리한 후에 그것을 배움 대화(주로 임의 짝)를 통해 서로 가르치고 공유하도록 안내했습니다. 특별히 윗집 아이와 아랫집 어른의 모습에서 찾을 수 있는 가치덕목을 찾고 서로 공유하는 것은 이 수업에서 매우 중요한 지점을 차지합니다.

★ 질문이 넘치는 사회 수업의 실제

이번에는 '5학년 2학기 사회'【소단원 2. 일제의 침략과 광복을 위한 노력】에서 한 차시를 선정하여 질문이 넘치는 수업의 전개 과정을 자세하게 기술하고자 합니다. 구체적인 학습 내용은【소단원 2】의 '나라를 되찾으려는 노력에는 어떤 것들이 있었을까요?'라는 부분입니다.

단계	학습 내용	교수 · 학습 활동	자료(♣), 유의점(※), 인성요소(인), 핵심역량(역), 활동유형(활)
동기 유발 및 문제파악	동기 유발 및 생각열기	■ 전시 학습 상기 및 동기 유발 ◎ '신흥 무관 학교 교가' 들려주기 ◎ 배경지식 활성화 및 질문 만들기 • 교사와 함께 번갈아 읽으며 내용 파악하기 ◎ 어깨 짝과 함께 대화하며 질문 만들기(2가지 이상) • 질문 모듬판에 질문을 적고, 나도, 나만 게임 하기	※ 모르는 용어나 의문점이 있으면 밑줄을 긋게 한다. 인 배려, 협력 ♣ 질문노트, 보드판 ※ 교사는 학생들이 만든 질문을 몇 가지 주제로 유목화한다.
자유탐색 탐색결과 발표	핵심질문 확인	■ 학습 질문 제시하기 ♣ 어떤 사람들이 나라를 되찾으려고 노력했으며, 그 결과는 무엇일까요?	※ 학생들이 만든 질문을 중심으로 하되, 없는 경우에는 교사의 질문과 학생들의 질문을 조합하여 제시한다.

06 이제, 질문이 넘치는 수업 속으로 들어가 볼까요?

교사의 안내에 따른 탐색	생각 넓히기 자료탐색 및 기초 탐구	■ 생각 넓히기 ◎징검다리 질문(1): 안창호와 이회영이 한 일의 공통점과 차이점은 무엇인가요? ◎징검다리 질문(2): 빼앗긴 나라를 되찾는 데 더 중요한 역할을 한 학교는 무엇일까요? ◎징검다리 질문(3): 왜 이들은 타국에서 독립운동을 했을까요? ◎본질 질문: 국외로 가서 독립 활동을 한 우리 조상들의 노력의 결과는 무엇인가요?	역 과학적 의사소통 역량 짝 앞뒤 짝 활동 ※왜 그렇게 생각하는지 그 이유를 생각하며 자신의 의견을 제시하도록 안내한다. ※본질 질문은 가능하면, 앞에서 징검다리 질문을 통해 확인한 사실들을 바탕으로 제시하도록 한다.
	생각 정교화 하기	■ 생각 정교화하기 ◎적용 질문: 왜 이회영 선생은 자신의 모든 재산을 처분하여 만주로 가서 독립운동을 했을까요?	※적용 질문을 해결하는 과정에서 자신이 이회영 선생이었다면 어떻게 했을지 생각해 보게 한다. 인 공감, 협력
탐색결과 정리	학습내용 정리	■ 친구들과 함께 만들어 가기 ◎비주얼씽킹을 통해 서로 가르치고 배우기 ◎ 차시 예고하기 • 학생들의 독립운동 및 우리 역사와 말을 지키기 위한 노력	※비주얼씽킹을 어려워하는 학생들을 위해서 미리 효과적인 비주얼씽킹 방법을 제시한다. 인 협력, 소통

수업의 도입은 이렇게 해요

〈도입 부분 교수 · 학습 활동〉

단계	학습 내용	교수 · 학습 활동	자료(♠), 유의점(※), 인성요소(인), 핵심역량(핵), 활동유형(활)
동기 유발 및 문제파악	동기 유발 및 생각열기	■ 전시 학습 상기 및 동기 유발 ◎ '신흥 무관 학교 교가' 들려주기 ◎ 배경지식 활성화 및 질문 만들기 • 교사와 함께 번갈아 읽으며 내용 파악하기 ◎ 어깨 짝과 함께 대화하며 질문 만들기(2가지 이상) • 질문 모듬판에 질문을 적고, 나도, 나만 게임 하기	※모르는 용어나 의문점이 있으면 밑줄을 긋게 한다. 인배려, 협력 ♣ 질문노트, 보드판 ※교사는 학생들이 만든 질문을 몇 가지 주제로 유목화한다.

동기 유발

동기 유발 자료로 오늘 배울 학습 내용과 관련한 신흥 무관 학교 교가를 들려주었습니다. 교가 내용은 다음과 같습니다.

백두신 밑 비단 같은 민리낙원은 반민년래 피로 지킨 옛집이이늘
남의 자식 놀이터로 내어 맡기고 종설움 받는 이 뉘뇨
우리 우리 배날 나라에 우리 우리 자손들이라
가슴치고 눈물뿌려 통곡하여라 지속의 쇳문이 온다
칼춤 추고 말을 달려 몸을 단련코 새론 지식 높은 인격 정신을 길러
썩어지는 우리 민족 이끌어내어 새 나라 세울 이 뉘뇨
우리 우리 배날 나라에 우리 우리 청년들이다
두 팔 들고 고함쳐서 노래하여라 자유의 깃발이 떴다

그리고 짝 대화를 통해 두 가지 내용을 생각해 보도록 안내했습니다. 하나는 이 노래는 어느 시대에 어떤 배경 속에서 만들어졌을지 추측해 보는 것입니다. 다른 하나는 신흥 무관 학교 교가의 리듬 및 가사에서 느낄 수 있는 분위기가 어떤지 서로 공유하도록 했습니다. 이렇게 안내하면 학생들의 생각이나 의견이 더 이상 분산되지 않고, 본 차시 내용과 관련한 하나의 초점으로 수렴되는 효과가 있습니다.

책을 분석하면서 질문을 만들자

학생들은 동기 유발 자료를 통해 본 차시 학습 내용 및 그와 관련한 전체적인 윤곽을 파악했습니다. 그런 후에 질문 만들기를 합니다. 우선 교사와 학생들이 함께 텍스트 내용을 번갈아 읽으며 내용을 파악합니다. 이때 교사는 학생들에게 잘 모르는 용어나 더 알고 싶은 내용이 있으면 밑줄을 긋도록 안내합니다. 특히 사회 교과는 텍스트 내용뿐만 아니라, 이와 관련한 그림이나 사진 등도 질문을 만드는 데에 매우 유용합니다. 다음은 교과서에 제시된 그림과 사진 자료, 그리고 학생들이 만든 질문들입니다.

- 감시가 심해지자 독립운동가들은 주로 바깥 어디에서 독립운동을 이어 갔을까?
- 식민지가 뭘까?
- 만주가 어디일까?
- 안창호가 세운 흥사단이 무엇이며 어떤 활동을 했을까?
- 안창호는 왜 미국으로 건너갔을까?
- 안창호가 세운 학교는 어떤 것이 있을까?
- 이회영은 왜 가족과 함께 만주로 건너갔을까?
- 이회영은 왜 신흥 무관 학교를 세웠을까?
- 당시에는 별다른 제재 없이 자유롭게 다른 나라로 이동할 수 있었을까?
- 신흥 무관 학교는 어떤 곳일까? 그리고 어떤 사람들이 들어갔을까?
- 신흥 무관 학교에서 왜 역사와 글을 가르쳤을까?
- 신흥 무관 학교를 졸업한 대표적인 독립운동가는 누구일까?
- 신흥 무관 학교 학생들의 옷이 왜 다 다를까?
- 신흥 무관 학교 학생들이 왜 농사를 짓고 있을까?
- 신흥 무관 학교 학생들이 들고 있는 총은 어디에서 났을까?
- 신흥 무관 학교 학생들은 주로 어떤 사람이었을까?
- 봉오동과 청산리는 우리나라 땅일까, 중국 땅일까?
- 독립군은 정식 군대였을까?
- 독립군은 누가 월급을 주었으며 어떻게 살았을까?
- 왜 독립군은 주로 만주 지역에서 활동했을까?
- 압록강과 두만강은 넘나들기에 적당했을까?
- 왜 독립군은 주로 일본 관청이나 경찰서를 공격했을까?
- 독립군의 무장 투쟁이 독립에 도움이 되었을까?
- 홍범도 장군과 김좌진 장군은 어떻게 일본군을 이겼을까?
- 남의 나라에서 독립운동을 하는 것이 가능할까?
- 봉오동 전투와 청산리에서 패한 일본군은 그 이후에 어떻게 되었을까?

학생들이 만든 질문은 정말 다양합니다. 그 내용을 자세히 살펴보면, 몇 가지 주제로 분류할 수 있습니다. 이를테면, '인물 및 그가 한 일' '그 외의 질문들'로 분류할 수 있습니다. 또는 '안창호 및 이회영' '신흥 무관 학교' '독립군' 등과 관련한 질문으로도 분류할 수 있고, '독립의 힘을 키운 사람' '독립군의 활약'으로도 분류할 수 있습니다. 더 나아가 '사실 확인 질문' '내용 확대 질문(해석적 질문)'들로 분류할 수 있습니다.

이처럼 다른 교과와 마찬가지로 사회 수업에서도 학생들이 만든 질문들을 몇 가지 주제별로 분류해 보는 작업은 매우 유익합니다. 특히 사회 교과의 경우, 다른 교과에 비해 한 차시의 학습 내용이 많고 복잡합니다. 따라서 학생들의 질문도 많고, 그 범위와 깊이도 다양합니다. 즉, 가장 기본적으로 내용을 확인하는 사실 질문부터 그 사실을 토대로 해석 및 추리를 요하는 내용 확대 질문(해석적 질문)까지 정말 다양합니다. 이러한 측면에서 사회 교과는 무엇보다도 선택과 집중이 요구되는 과목입니다. 따라서 교사는 학생들의 질문을 잘 분석하여 어떤 측면에서 선택과 집중을 해야 할지 심사숙고해야 합니다. 다음은 앞에서 살펴본 몇 가지 주제로 학생들의 질문을 유목화한 사례입니다.

인물 및 그가 한 일 관련 질문	독립군 관련 질문들	그 외 질문들
• 안창호가 세운 흥사단이 무엇이며 어떤 활동을 했을까? • 안창호는 왜 미국으로 건너갔을까? • 안창호가 세운 학교는 어떤 것이 있을까? • 이회영은 왜 가족과 함께 만주로 건너갔을까? • 이회영은 왜 신흥 무관 학교를 세웠을까? • 홍범도 장군과 김좌진 장군은 어떻게 일본군을 이겼을까?	• 감시가 심해지자 독립 운동가들은 주로 바깥 어디에서 독립운동을 이어갔을까? • 봉오동과 청산리는 우리 나라 땅일까, 중국 땅일까? • 독립군은 정식 군대였을까? • 독립군은 누가 월급을 주었으며 어떻게 살았을까? • 왜 독립군은 주로 만주 지역에서 활동했을까? • 독립군이 압록강과 두만강을 넘나들기에 적당했을까? • 왜 독립군은 주로 일본 관청이나 경찰서를 공격했을까? • 독립군의 무장 투쟁이 독립에 도움이 되었을까?	• 식민지가 뭘까? • 만주가 어디일까? • 당시에는 별다른 제재 없이 자유롭게 다른 나라로 이동할 수 있었을까? • 봉오동 전투와 청산리에서 패한 일본군은 그 이후에 어떻게 되었을까? • 신흥 무관 학교는 어떤 곳일까? 그리고 어떤 사람들이 들어갔을까? • 신흥 무관 학교에서 왜 역사와 글을 가르쳤을까? • 신흥 무관 학교 학생들이 들고 있는 총은 어디에서 났을까? • 신흥 무관 학교 학생들은 주로 어떤 사람들이었을까? 등

독립의 힘을 키운 사람들 관련 질문	독립군 활약 관련 질문	그 외 질문들
• 안창호가 세운 흥사단이 무엇이며 어떤 활동을 했을까? • 안창호는 왜 미국으로 건너갔을까? • 안창호가 세운 학교는 어떤 것이 있을까? • 이회영은 왜 가족과 함께 만주로 건너갔을까? • 이회영은 왜 신흥 무관 학교를 세웠을까? • 신흥 무관 학교는 어떤 곳일까? 그리고 어떤 사람들이 들어갔을까? • 신흥 무관 학교에서 왜 역사와 글을 가르쳤을까? • 신흥 무관 학교를 졸업한 대표적인 독립 운동가는 누구일까? • 신흥 무관 학교 학생들의 옷이 왜 다 다를까? • 신흥 무관 학교 학생들이 왜 농사를 짓고 있을까? • 신흥 무관 학교 학생들이 들고 있는 총은 어디에서 났을까? • 신흥 무관 학교 학생들은 주로 어떤 사람들이었을까?	• 감시가 심해지자 독립운동가들은 주로 바깥 어디에서 독립운동을 이어갔을까? • 봉오동과 청산리는 우리나라 땅일까, 중국 땅일까? • 독립군은 정식 군대였을까? • 독립군은 누가 월급을 주었으며 어떻게 살았을까? • 왜 독립군은 주로 만주 지역에서 활동했을까? • 압록강과 두만강은 넘나들기에 적당했을까? • 왜 독립군은 주로 일본 관청이나 경찰서를 공격했을까? • 독립군의 무장 투쟁이 독립에 도움이 되었을까? • 홍범도 장군과 김좌진 장군은 어떻게 일본군을 이겼을까?	• 식민지가 뭘까? • 만주가 어디일까? • 당시에는 별다른 제재 없이 자유롭게 다른 나라로 이동할 수 있었을까? • 봉오동 전투와 청산리에서 패한 일본군은 그 이후에 어떻게 되었을까?

안창호 및 이회영 관련 질문	신흥 무관 학교 관련 질문	독립군 관련 질문
• 감시가 심해지자 독립 운동가들은 주로 바깥 어디에서 독립운동을 이어갔을까? • 안창호가 세운 흥사단이 무엇이며 어떤 활동을 했을까? • 안창호는 왜 미국으로 건너갔을까? • 안창호가 세운 학교는 어떤 것이 있을까? • 이회영은 왜 가족과 함께 만주로 건너갔을까? • 이회영은 왜 신흥 무관 학교를 세웠을까? 등	• 신흥 무관 학교는 어떤 곳일까? 그리고 어떤 사람들이 들어갔을까? • 신흥 무관 학교에서 왜 역사와 글을 가르쳤을까? • 신흥 무관 학교를 졸업한 대표적인 독립 운동가는 누구일까? • 신흥 무관 학교 학생들의 옷이 왜 다 다를까? • 신흥 무관 학교 학생들이 왜 농사를 짓고 있을까? • 신흥 무관 학교 학생들이 들고 있는 총은 어디에서 났을까? • 신흥 무관 학교 학생들은 주로 어떤 사람들이었을까?	• 봉오동과 청산리는 우리 나라 땅일까 중국 땅일까? • 독립군은 정식 군대였을까? • 독립군은 누가 월급을 주었으며 어떻게 살았을까? • 왜 독립군은 주로 만주 지역에서 활동했을까? • 압록강과 두만강은 넘나들기에 적당했을까? • 왜 독립군은 주로 일본 관청이나 경찰서를 공격했을까? • 독립군의 무장 투쟁이 독립에 도움이 되었을까? • 홍범도 장군과 김좌진 장군은 어떻게 일본군을 이겼을까? • 봉오동 전투와 청산리에서 패한 일본군은 그 이후에 어떻게 되었을까?

수업의 전개는 이렇게 해요

〈전개 부분 교수 · 학습 활동〉

단계	학습 내용	교수 · 학습 활동	자료(♣), 유의점(※), 인성요소(인), 핵심역량(역), 활동유형(활)
자유탐색 탐색결과 발표	핵심질문 확인	■ 학습 질문 제시하기 ♣ 어떤 사람들이 나라를 되찾으 려고 노력했으며, 그 결과는 무 엇일까요?	※학생들이 만든 질문을 중심 으로 하되, 없는 경우에는 교 사의 질문과 학생들의 질문 을 조합하여 제시한다.
교사의 안내에 따른 탐색	생각 넓히기 자료탐색 및 기초 탐구	■ 생각 넓히기 ◎징검다리 질문(1): 안창호와 이 회영이 한 일의 공통점과 차이 점은 무엇인가요? ◎징검다리 질문(2): 빼앗긴 나라 를 되찾는데 더 중요한 역할을 한 학교는 무엇일까요? ◎징검다리 질문(3): 왜 이들은 타국에서 독립운동을 했을까 요? ◎본질 질문: 국외로 가서 독립 활동을 한 우리 조상들의 노력 의 결과는 무엇인가요?	역과학적 의사소통 역량 활 앞뒤 짝 활동 ※왜 그렇게 생각하는지 그 이 유를 생각하며 자신의 의견 을 제시하도록 안내한다. ※본질 질문은 가능하면, 앞에 서 징검다리 질문을 통해 확 인한 사실들을 바탕으로 제 시하도록 한다.
	생각 정교화 하기	■ 생각 정교화하기 ◎적용 질문: 왜 이회영 선생은 자신의 모든 재산을 처분하여 만주로 가서 독립운동을 했을 까요?	※적용 질문을 해결하는 과정 에서 자신이 이회영 선생이 었다면 어떻게 했을지 생각 해 보게 한다 . 인공감, 협력

 교사는 짝 대화나 모둠 대화를 통해 학생들이 만든 질문을 공유하
게 한 후, 학급 전체를 대상으로 학생들의 질문을 확인하고 공유하
는 시간을 갖습니다. 물론 그 전에 교사는 모둠을 순회하면서 학생
들이 어떤 질문을 만드는지 유심히 살펴야 합니다. 왜냐하면 교사가
본 수업을 위해서 미리 계획한 질문들과 유사한 질문이 있는지 파악

할 필요가 있기 때문입니다. 그래서 학생들이 만든 질문 중에 별도의 수정이나 다른 질문과의 병합이 필요 없는 질문은 그대로 수업에 활용하면 됩니다. 물론 학생들이 만든 질문과 병합이 필요하다면, 본 차시 내용과 관련하여 적절하게 잘 엮어서 제시합니다.

학습 질문을 던지자

교과서에 제시된 본 차시 학습 문제는 '나라를 되찾으려는 노력에는 어떤 것들이 있었을까요?'입니다. 교사는 이 학습 문제를 그대로 사용하여 학습 질문으로 제시해도 괜찮습니다. 왜냐하면 교과서의 학습 문제는 교육과정 및 성취기준을 가장 잘 구현하여 제시되었기 때문입니다. 따라서 교사는 교과서에 제시된 학습 문제와 내용을 절대로 무시하거나 소홀히 할 수 없습니다. 그러나 질문이 넘치는 수업에서는 학생들이 만든 질문, 교사의 질문, 교과서의 학습 문제를 함께 고려하여 제시하면 더 효과적입니다.

이미 저는 앞에서 학생들이 만든 질문들을 몇 가지 주제별로 분류했습니다. 이렇게 분류한 주제와 교과서에 제시된 학습 문제를 잘 병합하여 학습 질문을 제시하면 다음과 같은 두 가지 측면에서 효과적입니다. 먼저, 교사와 학생 모두 학습의 초점과 방향을 잃지 않습니다. 왜냐하면 교과서에 제시된 학습 문제는 각 교과 교육과정이 추구하는 방향성 및 핵심 내용을 가장 잘 구현하여 제시되었기 때문입니다. 또한 학생들이 도달해야 할 성취기준을 고려하여 고안된 성과물이기 때문입니다. 따라서 학생들의 질문들을 고려하되, 교과서에 제시된 학습 문제를 잘 활용하면 학습의 초점과 방향을 잃지 않는다는 효과가 있습니다.

학생들이 만든 질문들은 그들의 지적 호기심이 최대한 집약되고 농축된 결과물입니다. 따라서 교사는 교과서에 제시된 학습 문제를 벗어나지 않는 범위 내에서 그것을 학생들의 질문들과 잘 병합하여 제시하면 좋습니다. 그렇게 하면 학생들의 호기심과 관심도를 충분히 담지할 수 있는 효과가 있습니다. 그래서 저는 교과서의 학습 문제와 학생들의 질문을 고려하여 '어떤 사람들이 나라를 되찾으려고 노력했으며, 그 결과는 무엇일까요?'라는 학습 질문을 제시했습니다. 학생들의 질문들을 주제별로 유목화한 다음의 내용을 잘 분석해 보시면, 제가 왜 이런 학습 질문을 제시했는지 이해하실 것입니다.

안창호 및 이회영 관련 질문	신흥 무관 학교 관련 질문	독립군 관련 질문
독립의 힘을 키운 사람들 관련 질문	독립군 활약 관련 질문	그 외 질문들
인물 및 그가 한 일 관련 질문	독립군 관련 질문들	그 외 질문들

이처럼 학습 질문은 교과서의 학습 문제를 고려하되, 학생들이 만든 질문을 잘 분석한 후 재구성하여 제시하면 더욱 효과적입니다.

징검다리 질문을 던지자

학습 질문을 제시한 후, 징검다리 질문을 던지게 되는데, 여기서부터 본격적인 수업이 진행됩니다. 즉, 교사는 학습 질문을 해결하기 위해 다양한 질문들—징검다리 질문, 본질 질문, 적용 질문 등—을 제시합니다. 그리고 학생들은 교사가 제시하는 다양한 질문을 주제로 적절한 배움 대화를 통해 서로의 의견과 생각을 공유하며 학습을 하게 됩니다.

학습 내용의 영역 및 요소에 따라 정도의 차이는 있을 수 있지만, 일반적으로 사회 교과는 다른 교과에 비해 더 많은 질문들이 제시됩니다. 그도 그럴 것이, 우선 사회 교과는 교과의 특성상 본 차시에서 다루어야 할 내용이 많습니다. 특히 5학년에 나오는 역사 관련 부분은 교과서에 제시된 학습 내용도 충실히 다루어야 합니다. 또한 단순히 역사적인 사실에 대한 암기와 이해 차원을 넘어, 그것을 다양한 시각에서 비판, 분석, 종합, 평가하는 단계까지 나아가야 합니다. 이러한 맥락에서 징검다리 질문도 다른 교과에 비해서 더 많이 제시되기도 합니다.

저는 '어떤 사람들이 나라를 되찾으려고 노력했으며, 그 결과는 무엇일까요?'라는 학습 질문을 해결하기 위해 2~3개의 징검다리 질문을 제시했습니다. 제가 제시한 학습 질문을 잘 살펴보시면, 두 부분으로 구분할 수 있습니다. 하나는 '어떤 사람들이 나라를 되찾으려고 노력했는지'에 대한 내용이고, 다른 하나는 '그 결과는 무엇인지'에 대한 내용입니다. 따라서 징검다리 질문은 학습 질문의 전반부, 곧 '나라를 되찾기 위해 노력한 사람들'에 방점을 두고 제시했다고 할 수 있습니다. 이때 학생들의 질문을 주제별로 분류한 내용을 참고하면, 더 효과적인 징검다리 질문을 제시할 수 있습니다. 그래서 저는 먼저 '안창호와 이회영이 한 일의 공통점과 차이점은 무엇인가요?'라는 징검다리 질문을 제시했습니다. 이 징검다리 질문은 단순히 '안창호와 이회영이 한 일은 무엇인가요?'라는 질문보다 훨씬 더 의미 있는 질문입니다. 왜냐하면 '안창호와 이회영이 한 일은 무엇인가?'라는 질문은 지식과 암기, 이해 수준의 질문입니다. 그러나

'안창호와 이회영이 한 일의 공통점과 차이점은 무엇인가요?'라는 질문은 이보다 좀 더 사고력을 촉발시키는 고차원적인 질문입니다. 그래서 이 질문은 두 분의 한 일을 서로 분석, 종합, 평가해야만 해결할 수 있습니다.

학생들은 다양한 짝 대화 및 모둠 대화를 통해 교과서에 제시된 안창호와 이회영이 한 일을 조목조목 분석하면서, 첫 번째 징검다리 질문을 해결합니다. 그래서 다음과 같은 두 가지 공통점을 찾습니다. 하나는 두 분 모두 학교를 세웠다는 것입니다. 다른 하나는 두 분 모두 우리나라가 아닌 타국에서 나라를 되찾으려는 노력을 했다는 것입니다. 이 과정에서 학생들은 두 분이 세운 학교의 성격이 다르다는 차이점도 발견합니다. 즉, 안창호 선생은 인재 양성을 위한 학교, 곧 지금의 중·고등학교를 세웠습니다. 반면에 이회영 선생은 독립군을 양성하여 항일 투쟁을 하기 위한 신흥 무관 학교(군사 학교)를 세웠습니다.

여기에서 저는 두 가지 추가적인 징검다리 질문을 던졌습니다. '빼앗긴 나라를 되찾는 데 더 중요한 역할을 한 학교는 무엇일까요? 왜 이들은 타국에서 독립운동을 했을까요?'라는 질문입니다. 이 지점에서 여러분이 한 가지 놓치지 말아야 할 것이 있습니다. 그것은 바로 '어떤 사람들이 나라를 되찾으려고 노력했으며, 그 결과는 무엇일까요?'라는 학습 질문을 끝까지 염두에 두어야 한다는 것입니다. 그중에서도 '어떤 사람들이 나라를 되찾으려고 노력했는지'에 대한 부분입니다. 왜냐하면 징검다리 질문은 어디까지나 학습 질문을 해결하기 위한 디딤돌 역할을 해야 하기 때문입니다. 따라서 추가적인 징검다리 질문이 필요한 경우, 이러한 징검다리 질문의 성격을 염두에 두고 학습 질문을 효과적으로 해결하기 위한 방향으로 제시해야 합니다.

그렇다면 '빼앗긴 나라를 되찾는 데에 더 중요한 역할을 한 학교
는 무엇일까요?'라는 징검다리 질문에 학생들은 어떻게 반응할까
요? 어떤 학생들은 인재 양성을 위해서는 안창호 선생이 세운 학교
가 더 필요하다는 의견을 제시합니다. 반면에 어떤 학생들은 일본
군을 대적하기 위해서는 독립군을 양성하는 신흥 무관 학교가 더 필
요하다고 말합니다. 제가 이 질문을 학생들에게 던진 중요한 이유가
있습니다. 그것은 나라를 되찾기 위해서는 인재 양성을 위한 학교도
필요하고, 독립군 양성을 위한 학교도 필요하다는 것을 학생들로 하
여금 인식하도록 하기 위해서입니다. 결국 학생들은 자신의 의견과
친구의 생각을 서로 주고받으면서 나라를 되찾기 위해서는 다양한
분야의 인재가 필요하다는 것을 깨닫습니다. 우리의 글과 역사를 제
대로 알고 깨우쳐 주기 위한 학교도 필요하고, 동시에 독립군을 양
성하기 위한 학교도 필요하다는 것을 인식하게 됩니다. 이러한 사실
을 통해 학생들은 우리 조상들이 빼앗긴 나라를 되찾기 위해 다방면
으로 노력했다는 것을 알게 됩니다. 이것은 오늘날의 우리나라 상황
에서도 마찬가지입니다.

그리고 '왜 이들은 타국에서 독립운동을 했을까요?'라는 징검다리
질문에 대해서도 학생들은 다양한 생각과 의견을 제시합니다. 그러
나 이 질문에 대해서는 비교적 쉽게 의견 일치를 이루어 갑니다. 당
시 일본의 탄압과 핍박이 심해서 국내에서 독립운동을 하기가 매우
어려운 상황이었기 때문입니다. 이 지점에서 교사는 다음과 같은 징
검다리 질문도 제시할 수 있습니다. 예컨대, '왜 당시에 국내에서 독
립운동하기가 어려운 상황이었을까요?'라는 질문입니다. 이 질문은
내용 확대 질문(해석적 질문)으로 당시의 시대적인 상황을 고려해야

만 이해할 수 있는 질문입니다.

어쨌든 학생들은 '왜 이들은 타국에서 독립운동을 했을까요?'라는 징검다리 질문을 해결하는 과정에서 다음과 같은 중요한 사실을 깨닫습니다. 즉, 우리 조상들은 빼앗긴 나라를 되찾기 위해 국내뿐만 아니라, 국외에까지 가서 독립운동을 했다는 것입니다. 특히 학생들은 이회영 선생 같은 분은 자신의 모든 재산을 처분하여 만주로 가서 독립운동을 했다는 사실에 놀라기도 합니다.

본질 질문을 던지자

이제 징검다리 질문을 통해 확인한 사실을 바탕으로 학습 질문을 해결하기 위한 본질 질문을 제시해야 합니다. 저는 '국외로 가서 독립 활동을 한 우리 조상들의 노력의 결과는 무엇인가?'라는 본질 질문을 제시했습니다. 본질 질문을 이렇게 제시한 이유는 이회영 선생이 신흥 강습소(신흥 무관 학교)를 세우고 난 후(1911년), 약 10년이 지난 즈음에 그 유명한 봉오동 전투와 청산리 대첩(1920년)이 있기 때문입니다. 따라서 빼앗긴 나라를 되찾기 위한 우리 조상들의 노력의 결과가 후에 봉오동 전투와 청산리 대첩의 결과로 이어졌다고 볼 수 있습니다. 학생들은 이 사실을 알아야 합니다.

또한 본질 질문을 이렇게 제시한 이유는 앞에서 학생들의 질문을 여러 가지 주제로 분류하는 과정에서 '독립의 힘을 키운 사람들' '독립군 활약' '그 외 질문들'로 구분했습니다. 따라서 앞에서 살펴본 징검다리 질문이 '독립의 힘을 키운 사람들'이라면, 본질 질문은 바로 그러한 노력의 결과 '독립군 활약' 질문에 해당한다고 볼 수 있습니다. 이처럼 학생들의 질문을 다양한 주제로 분류하는 작업은 여러 가지 면에서 교사에게 유익합니다.

적용 질문을 던지자

이제 마지막으로 적용 질문을 제시해야 합니다. 저는 '왜 이회영 선생은 자신의 모든 재산을 처분하여 만주로 가서 독립운동을 했을까?'라는 적용 질문을 제시했습니다. 물론 제가 이 질문을 학생들에게 제시한 이유는 '선공후사(先公後私)'라는 말이 있듯이, 결국 나라가 있어야 개인의 삶도 존재한다는 것을 인식시키고자 한 것입니다. 더 나아가, 우리가 현재 대한민국이라는 자주 독립국가에서 살 수 있게 된 것은 바로 이회영 선생 같은 분들의 헌신과 희생 때문이라는 사실을 깨닫게 하기 위해서입니다. 지나온 과거 역사를 어떻게 대하며 인식하는가는 지금 현재를 살아가는 우리에게 매우 중요한 주제입니다. 또한 앞으로 살아갈 미래를 위해서도 매우 중요한 부분이기도 합니다. 이러한 측면에서 학생들은 지나온 역사적인 사실 및 사건을 단지 암기하고 이해하는 정도에서 그치면 안 됩니다. 오히려 그것을 분석하고 평가하여 오늘의 우리의 삶으로 다시 반추해야 합니다.

주지하다시피, 오늘날은 포스트모더니즘 사상과 철학이 인간의 모든 삶에 깊숙이 들어와서 우리의 인식과 주체성에 큰 영향을 미치고 있습니다. 따라서 지금은 그 어느 때보다 극단적인 이기주의 및 자기중심성이 팽배해져 있습니다. 그러므로 적용 질문은 이러한 사상과 철학에 깊이 젖어 있는 학생들의 삶을 직접적으로 건드려주는 내용으로 제시하면 효과적입니다.

수업의 정리는 이렇게 해요

〈정리 부분 교수 · 학습 활동〉

단계	학습 내용	교수 · 학습 활동	자료(♠), 유의점(※), 인성요소(인), 핵심역량(역), 활동유형(활)
탐색결과 정리	학습내용 정리	■ 친구들과 함께 만들어 가기 ◎비주얼씽킹을 통해 서로 가르 치고 배우기 ◎ 차시 예고하기 • 학생들의 독립운동 및 우리 역 사와 말을 지키기 위한 노력	※비주얼씽킹을 어려워하는 학 생들을 위해서 미리 효과적인 비주얼씽킹 방법을 제시한다. 인 협력, 소통

비주얼씽킹을 통해서 서로 가르치고 소통하게 하라

본 차시와 같은 역사 파트는 다음과 같은 방법으로 비주얼씽킹하면 좋습니다. 먼저 역사적인 사건이 일어난 시대별(연대별)로 분류하여 내용을 정리하면 효과적입니다. 그리고 교과서에서도 신흥 강습소 설립(1911년), 봉오동 전투 및 청산리 대첩(1920년) 등으로 구분되어 있습니다. 또는 학생들의 질문을 몇 가지 주제로 분류한 과정을 참고하여 비주얼씽킹할 수도 있습니다. 예컨대, '독립의 힘을 키운 사람들'과 '독립군의 활약'으로 구분하여 정리할 수도 있습니다. 이처럼 역사 파트는 역사적인 사건과 일이 일어난 큰 줄기와 흐름, 맥락을 고려하여 비주얼씽킹하면 효과적입니다. 그렇게 하면 학습 내용 정리도 쉬울 뿐만 아니라, 좀 더 효과적인 방법으로 비주얼씽킹을 할 수 있습니다.

그런데 학생들이 정리한 비주얼씽킹을 보면, 이런 시대별 사건과 맥락을 고려하지 않고 그냥 역사적인 사실만 나열하는 경우를 보게 됩니다. 이런 학생들을 위해서 교사는 앞에서 살펴본 효과적인 비주얼씽킹 방법에 대해 미리 안내하면 좋습니다. 즉, 사전에 교사가 이런 아이디어를 제공하면 학생들이 좀 더 쉽고 효과적으로 비주얼씽킹을 합니다. 이런 과정을 몇 번 반복하다 보면, 나중에는 학생들 스스로 별 어려움 없이 하게 됩니다.

마무리하는 글

과연 나는 언제 교사로서 존재 의미와 행복을 느끼는가?

　자의든 타의든 교단에서 학생들을 가르치는 교사라면 '교사로서의 나의 존재 의미가 무엇인가? 수업을 할 때 나는 정말 행복한가?'라는 질문을 한 번쯤은 던져보았을 것입니다. 그래서 나름의 해답을 찾아 자신만의 생각을 정리하신 분들도 있겠지만, 여전히 그 질문과 씨름하며 현재 진행형인 분들도 있을 것입니다. 나름의 생각을 정리하신 분들 중에는 교사로서의 존재 의미와 행복을 수업 이외에 자신에게 부여된 여타의 영역과 역할에서 찾은 분들도 있을 것입니다. 그러나 교사로서의 존재의 의미와 행복을 말할 때, 수업이 가장 핵심적이고 중요한 부분을 차지한다는 사실에 이의를 제기할 사람은 그리 많지 않을 것입니다. 따라서 대부분의 교사는 아마 가르치는 교사와 배우는 학생 모두가 즐겁고 행복한 수업, 그리고 진정한 배움에서 발로된 학생들의 변화와 성장을 볼 때 교사로서의 존재의 의미와 행복을 느낄 것입니다.

　그렇다면 여러분은 수업을 통해 교사로서의 존재 의미와 진정한 행복을 느끼십니까? 그렇지 않다면 그 이유가 무엇입니까? 저는 질문이 넘치는 수업을 만나기 전까지는 교사로서의 존재 의미와 행복은커녕 좌절감과 실패감을 더 많이 경험했던 것 같습니다. 그러다가 질문이 넘치는 수업을 하면서부터 학생들을 가르치는 교사로서 부끄럽지 않고 당당하게 교단에 설 수 있는 자신감을 갖게 되었습니다. 그뿐만 아니라, 질문이 넘치는 수업은 가르치는 자로서의 존재 의미와 행복감을 넘어 그 이상의 의미—곧 진정한 교육의 출발점이 무엇인지, 학생들을 수업의 중요한 주체자로 서게 하려면 어떻게 해야 하는지, 교사와 학생들의 진실한 교육적 관계 맺음은 어디에서 비롯되는지 등—를 생각하게 하는 자극제가 되었습니다.

수업에는 왕도가 없다고 합니다. 따라서 질문이 넘치는 수업도 결코 왕도가 될 수 없으며, 여전히 누군가의 실천과 적용을 통해 끊임없이 새로운 변화와 발전을 거듭해야 하는 출발점에 서 있다고 생각합니다. 그럼에도 불구하고 제가 이 글을 쓰는 목적은 질문이 넘치는 수업을 적용해 보고 싶은데, 무엇을 어떻게 해야 할지 망설이고 주저하는 선생님들에게 작은 희망의 불씨를 지피고 싶었습니다. 바라기는 제가 실천하고 적용한 작은 노력들이 여러 선생님들에 의해 실현되는 과정에서 수업과 관련한 새로운 의미를 창출하는 긍정적인 촉매제가 되었으면 좋겠습니다. 또한 이것이 작은 마중물이 되어서 진정한 배움이 일어나는 새로운 수업을 모색하는 길잡이가 되기를 바랍니다.

참고문헌

계홍규(2010). 공동체의 마음을 열어주는 웜업. 큰 빛.

김윤순(2018). 생각뇌를 키우는 하브루타. 경향BP.

한형식(2012). 수업기술의 법칙. 테크빌교육.

현대레저연구회(2018). 정통 실내 레크레이션. 태을출판사.

양경윤(2019). 교실이 살아 있는 질문 수업(하브루타의 실제). 테크빌교육.

저자 소개

이기호(Lee KiHo)

대구교육대학교(학사)
충남대학교 교육대학원 교육과정 및 교육심리 전공(석사)
영남대학교 대학원 교육학 전공(석사)
영남대학교 대학원 교육학 전공(박사)
(전) 영남대학교, 대구교육대학교 강사
(현) 경북 하양초등학교 수석교사

21년간 초등학교 교사로 근무하였으며, 수석교사가 된 12년 동안 수업탐구 교사공동체를 운영하면서 선생님들과 함께 '질문이 넘치는 수업' 및 '백워드 설계' 등을 중심으로 배움이 일어나는 학생 중심의 수업을 계속 연구해 오고 있다.
저자는 수업의 도입뿐만 아니라, 수업의 전체적인 흐름을 좌우하는 효과적인 동기 유발 전략, 한 걸음 더 나아가 학생들을 능동적이고 적극적인 배움 대화로 이끌 수 있는 효과적인 발문법 등을 중심으로 교수ㆍ학습 방법 개선에 열중하고 있다. 또한 현장 중심 교사 연수를 통해 실제 질문이 넘치는 수업을 직접 시연함으로써 이론과 실제를 겸비한 컨설팅을 해오고 있다.

질문이 넘치는 교실
A Classroom Full of Questions

2025년 1월 10일 1판 1쇄 인쇄
2025년 1월 15일 1판 1쇄 발행

지은이 • 이기호
펴낸이 • 김진환
펴낸곳 • ㈜ **학지사**
　　　　　04031 서울특별시 마포구 양화로 15길 20 마인드월드빌딩
대표전화 • 02-330-5114　　팩스 • 02-324-2345
등록번호 • 제313-2006-000265호

홈페이지 • http://www.hakjisa.co.kr
인스타그램 • https://www.instagram.com/hakjisabook

ISBN 978-89-997-3283-6 03370

정가 15,000원

출판미디어기업 **학지사**
간호보건의학출판 **학지사메디컬** www.hakjisamd.co.kr
심리검사연구소 **인싸이트** www.inpsyt.co.kr
학술논문서비스 **뉴논문** www.newnonmun.com
교육연수원 **카운피아** www.counpia.com
대학교재전자책플랫폼 **캠퍼스북** www.campusbook.co.kr